# KONFLIKTE ERFOLGREICH LÖSEN

Für mehr Resilienz im Berufsalltag

2024
Thorsten Reich

Geschrieben für Vorgesetzte, Unternehmer, Führungskräfte und jene, die ihren Weg dorthin gehen möchten.

© 2024 - Thorsten Reich
Stellbergstraße 48
36100 Petersberg
Inhalt: Thorsten Reich

Das Werk einschließlich seiner Teile ist urheberrechtlich geschützt. Jede Verwendung ist ohne Zustimmung des Autors unzulässig. Das gilt insbesondere für die Vervielfältigung, Übersetzung, Verbreitung und öffentliche Zugänglichmachung.

---

**Bibliografische Information der Deutschen Nationalbibliothek**
Die Deutsche Nationalbibliothek verzeichnet diese Publikation in der Deutschen Nationalbibliografie; detaillierte bibliografische Daten sind im Internet über http://dnb.d-nb.de abrufbar.

Dieses Werk widme ich meiner Familie.
Möge kein Konflikt uns jemals entzweien.

# Inhalt

Zahlen. Daten. Fakten. ........................................................... 7

Hallo. & Willkommen. ........................................................... 8

Über mich ............................................................................ 12

Vorwort ................................................................................ 16

Resilienz - Stark wie ein Schild ........................................... 20

Die Kraft der Konflikte ......................................................... 36

Konflikte erfolgreich entschärfen ........................................ 52

Stressfrei führen mit Resilienz ............................................ 96

Burnout vorbeugen und gesund bleiben .......................... 126

Die Macht der emotionalen Intelligenz ............................. 149

Die Magie positiver Psychologie ....................................... 173

Danke ................................................................................ 201

Schlusswort ....................................................................... 203

## Zahlen. Daten. Fakten.

Konflikte sind allgegenwärtig und kosten Unternehmen jährlich Milliarden. Doch was viele nicht wissen! Ein Großteil dieser Kosten könnte durch ein effektives Konfliktmanagement vermieden werden.

Bis zu 50% der wöchentlichen Arbeitszeit von Führungskräften werden für Konfliktlösungen aufgewendet. Ein Umstand, der nicht nur die Betroffenen selbst, sondern auch das ganze Unternehmen belastet.

Wahrscheinlich gehörst auch du zu den Menschen, die sich tagtäglich mit einer Vielzahl von Konflikten beschäftigen. Unternehmen sind nur so stark wie die Menschen, die darin arbeiten. Und gerade in Zeiten großer Veränderung und komplexer Herausforderungen ist deine Fähigkeit, Konflikte konstruktiv zu lösen, von unschätzbarem Wert.

Wenn du Interesse hast, in Kontakt zu treten, mehr zu erfahren und dich inspirieren und motivieren zu lassen, dann scanne den QR-Code, um uns auf Instagram oder Facebook zu vernetzen.

# Hallo.
# & Willkommen.

Kennst du das Gefühl, wenn ein Konflikt plötzlich wie ein Gewitter aus heiterem Himmel über dich hereinbricht? Aufgebrachte Gemüter entladen ihre Emotionen, und du wirst mit unerwarteten, ungerechten und schwer nachvollziehbaren Vorwürfen konfrontiert. Einmal ausgesprochene Worte lassen sich nicht zurücknehmen, und die Atmosphäre ist erfüllt von verletzten Gefühlen, Wut und Frustration. All das passiert, während du ohnehin schon mit den Anforderungen deines Alltags kämpfst, und es fühlt sich an, als würde die Last, die du trägst, noch schwerer. Als Führungskraft oder Unternehmer bist du gefordert, Ruhe zu bewahren und Lösungen zu finden, selbst in den chaotischsten Momenten.

Dieses Buch soll dir dabei helfen, genau das zu tun. Es zeigt dir nicht nur, wie du Konflikte bewältigst, sondern wie du sie als wertvolle Gelegenheiten für persönliches und berufliches Wachstum erkennen kannst. Konflikte sind unvermeidbar und gehören zum menschlichen Zusammenleben. Doch statt sie als Störfaktor zu sehen, liegt die wahre Stärke darin, sie als Antrieb für positive Veränderungen zu nutzen.

In den folgenden Kapiteln wirst du lernen, wie du deine Emotionen in schwierigen Situationen kontrollierst und nicht von ihnen überwältigt wirst.

Du erfährst, wie du inmitten von Spannungen und Missverständnissen klar und konstruktiv kommunizierst, um nachhaltige Lösungen zu finden, die für alle Beteiligten zufriedenstellend sind. Darüber hinaus zeige ich dir, wie du deine persönliche Resilienz stärkst - die innere Widerstandskraft, die es dir ermöglicht, auch in den herausforderndsten Momenten gelassen und entschlossen zu bleiben.

Konflikte sind nicht das eigentliche Problem. Vielmehr bieten sie uns eine Gelegenheit, tiefer zu schauen, mehr über uns selbst und andere zu lernen und letztlich daran zu wachsen. Mit den richtigen Methoden kannst du Konflikte nicht nur entschärfen, sondern sie in wahre Erfolgsgeschichten verwandeln, die dein Leben und deine Karriere bereichern.

Egal, ob du gerade mitten in einem schwierigen Konflikt steckst oder einfach nur besser vorbereitet sein möchtest. Dieses Buch wird dir wertvolle Einsichten und praktische Techniken an die Hand geben, um die Herausforderungen des Alltags souverän zu meistern.

Wenn du bereits mein erstes Buch *„Mitarbeiter erfolgreich führen – für mehr Arbeitsfreiheit und motivierte Mitarbeiter"* gelesen hast, freue ich mich besonders, dass du auch dieses Werk in die Hand genommen hast. Das zeigt, dass du entschlossen bist, nicht nur ein besserer Leader zu werden, sondern auch deine Fähigkeiten im Konfliktmanagement und in der Resilienz weiterzuentwickeln.

Falls wir uns jetzt gerade erst kennenlernen, danke ich dir herzlich für dein Vertrauen und dein Interesse an meinem Buch. **Ich heiße dich herzlich willkommen.**

*Welcome*

# Über mich

Mein Name ist Thorsten Reich, und ich komme aus Fulda in Hessen, nahe der idyllischen Rhön. Mein beruflicher Werdegang begann in der spannenden internationalen Mobilitätsbranche und führte mich durch anspruchsvolle Projekte, vielfältige Arbeitskulturen und eine breite Palette an Mitarbeitern. In dieser Zeit habe ich umfassende Perspektiven als Dienstleister, Kunde und Lieferant kennengelernt. Als Projektmanager und Führungskraft habe ich zahlreiche Herausforderungen gemeistert. - **Immer mit Erfolg.**

Vielleicht denkst du jetzt, dass das sehr überheblich, selbstverliebt und arrogant klingt und fragst dich, ob es tatsächlich möglich ist, immer erfolgreich zu sein?

Meine Antwort darauf lautet:

*„Erfolg ist in erster Linie eine Frage der inneren Haltung."*

Wie im Sport gibt es einen erheblichen Unterschied, ob du ein Spiel spielst, um einfach nicht zu verlieren, oder ob du es mit dem klaren Ziel angehst, zu gewinnen. Während das bloße Vermeiden einer Niederlage dich in einem eher defensiven Modus halten kann, bringt dich der Fokus auf den Sieg in eine proaktive, zielgerichtete Haltung. Diese Einstellung kann den Unterschied ausmachen zwischen stagnierendem Erfolg und kontinuierlichem Wachstum. Es liegt an dir, wie du mit dem Begriff *„Misserfolg"* umgehst.

Jeder Fehler und jede Herausforderung bietet eine Chance zum Erfolg. Ohne diese Herausforderungen ist echter Erfolg kaum möglich.

Erfolg sollte als kontinuierlicher Prozess betrachtet werden, der niemals endet. Es geht darum, stets dazuzulernen und immer nach Wegen zu suchen, eine bessere Version von dir selbst zu werden. Diese Einstellung habe ich mir zu eigen gemacht. Ich stelle mich Herausforderungen aktiv, vertraue auf meine Fähigkeiten, bilde mich kontinuierlich weiter und bin offen für Veränderungen. Rückblickend kann ich sagen, dass mir diese Haltung nicht nur in meinem Berufsleben, in dem ich viele verschiedene Facetten und Strukturen der Arbeitswelt kennenlernen durfte, sondern auch in meinem privaten Leben von großem Wert war. Diese Haltung hat mir geholfen, meinen inneren Kompass zu kalibrieren und kontinuierlich an mir selbst zu arbeiten. Ich kann mich auf meinen Kompass verlassen und ihm vertrauen, da er mir immer wieder hilft, den richtigen Weg zurückzufinden, auch wenn ich mal vom Kurs abkomme.

Schon früh habe ich mich für Methodenkompetenzen, das richtige Mindset und eine ausgewogene Work-Life-Balance interessiert. Effizienz ist der Schlüssel, um Erfolg zu haben, ohne dabei seine kostbare Freizeit zu opfern.

Wie die Leser meines ersten Buches wissen, ist die Zeit, die ich mit meiner Familie verbringe, für mich von unschätzbarem Wert. Durch die Herausforderungen und Erfahrungen der Vergangenheit habe ich auf schmerzhafte und eindrucksvolle

Weise erkannt, dass diese gemeinsamen Momente das kostbarste Geschenk im Leben sind. Diese Erkenntnis hat nicht nur mein Leben bereichert, sondern auch meine berufliche Ausrichtung geprägt. Sie inspirierte mich dazu, ein Buch über erfolgreiche Mitarbeiterführung zu schreiben, um anderen zu helfen, eine ähnliche Balance zwischen beruflichem Erfolg und persönlicher Erfüllung zu finden.

In meinem ersten Buch lag der Fokus auf die Mitarbeiterführung als solche. Da die Themen Konfliktbewältigung und Resilienz jedoch so umfassend sind, wollte ich ihnen ein eigenes Werk widmen – und genau das hältst du jetzt in den Händen. In diesem Buch teile ich meine Erfahrungen, Techniken und Strategien, um dir zu helfen, deinen Arbeitsalltag stressfreier zu gestalten und Konflikten entschlossen zu begegnen.

Mein Leitspruch lautet:

*„Arbeiten, um zu leben – nicht leben, um zu arbeiten."*

Führungskräfte, die täglich zahlreiche Herausforderungen und Konflikte meistern und über 45 Millionen Menschen eine Beschäftigung bieten, verdienen diese Unterstützung. Sie sind das wirtschaftliche Rückgrat und sichern die Existenz vieler Menschen.

# Vorwort

Bevor wir in die Tiefe der einzelnen Kapitel eintauchen, möchte ich dir einen Vorgeschmack darauf geben, was dich erwartet:

Die folgenden Methoden, Strategien und Techniken werden dir nicht nur dabei helfen, aus Konflikten echte Erfolge zu erzielen, sondern auch deinen Arbeitsalltag entspannter und stressfreier zu gestalten, sodass berufliche Gedanken nicht deine kostbare Freizeit dominieren.

### 1. Resilienz – Stark wie ein Schild

Du wirst entdecken, wie Resilienz, die Fähigkeit, Rückschläge zu überwinden und flexibel auf Herausforderungen zu reagieren, zu deinem unsichtbaren Schutzschild werden kann. Konflikte gehören zum Berufsleben dazu, aber mit den richtigen Techniken kannst du sie nicht nur bewältigen, sondern auch deinen Arbeitsalltag spürbar erleichtern.

### 2. Die Kraft der Konflikte: Vom Hindernis zum Erfolg

Hier erfährst du, warum Konflikte, obwohl oft als negativ empfunden, eine goldene Gelegenheit für persönliches und berufliches Wachstum darstellen. Ich beleuchte die Folgen unbehandelter Konflikte und zeige, wie du sie konstruktiv nutzen kannst, um neue Perspektiven und kreative Lösungen zu entdecken. Erfahre, wie du durch gezieltes Selbstmanagement jeden Konflikt in eine Chance zur Weiterentwicklung verwandeln kannst.

## 3. Konflikte erfolgreich entschärfen

Konflikte entstehen häufig durch Missverständnisse und Kommunikationsprobleme. Du lernst, die frühen Anzeichen zu erkennen, Spannungen vorzubeugen und Konflikte durch gezielte Kommunikationstechniken erfolgreich zu entschärfen. Ich stelle dir bewährte Strategien vor, um eskalierte Situationen souverän zu meistern.

## 4. Stressfrei führen mit Resilienz

In diesem Kapitel erfährst du, wie du als Führungskraft Stress bewältigen und sowohl deine eigene Resilienz als auch die deines Teams stärken kannst. Lerne, wie du unter Druck ruhig und gelassen bleibst, indem du die Ursachen von Stress verstehst und passende Bewältigungsstrategien anwendest. Dieses Wissen wird dir helfen, eine gesunde und produktive Arbeitskultur zu etablieren.

## 5. Burnout vorbeugen und gesund bleiben

In diesem Abschnitt erfährst du alles Wichtige über Burnout. Was es ist, welche Formen es annimmt, wie du Burnout vorbeugen kannst und welche Symptome darauf hinweisen. Du wirst lernen, die Anzeichen frühzeitig zu erkennen, die Ursachen zu verstehen und wirksame Maßnahmen zu ergreifen, um deine Gesundheit und die deines Teams langfristig zu sichern.

## 6. Die Macht der emotionalen Intelligenz

Hier beleuchte ich die zentrale Bedeutung emotionaler Intelligenz für eine erfolgreiche Mitarbeiterführung. Erkenne, wie Selbstwahrnehmung, Selbstregulation, Motivation und Empathie dazu beitragen, emotionale Herausforderungen zu bewältigen. Lerne, wie du deine eigenen Reaktionsmuster besser verstehen und Techniken zur Selbstregulierung anwenden kannst, um in stressigen Situationen ruhig und ausgeglichen zu bleiben.

## 7. Die Magie positiver Psychologie

In diesem Kapitel erfährst du, wie positive Gedanken und Selbstbewusstsein deine Lebensqualität verbessern können. Du lernst, Herausforderungen als Chancen zu betrachten, deine Resilienz zu stärken und durch Optimismus sowie mentale Anker eine klare und zielgerichtete Haltung zu entwickeln. Anhand der inspirierenden Geschichte von Aron Ralston wirst du verstehen, wie mentale Stärke selbst in extremen Situationen Wunder bewirken kann.

Gemeinsam werden wir durch neu gewonnenes Wissen und geschärfte Fähigkeiten deine Resilienz stärken, sodass du jeden Konflikt, der dir begegnet, in einen Erfolg verwandeln kannst.

**Lass uns beginnen!**

# Resilienz - Stark wie ein Schild

Jeder Tag birgt das Potenzial für Konflikte. Der Begriff stammt vom lateinischen *„confligere"*, was *„zusammentreffen"* oder *„kämpfen"* bedeutet. Konflikte entstehen, wenn unvereinbare Umstände, Erwartungen, Interessen, Wertvorstellungen, Ziele oder Meinungen aufeinandertreffen. Sie können sehr vielschichtig und tiefgreifend sein und sollten ernst genommen werden. Auch wenn das Sprichwort *„Nimm dir nicht alles zu Herzen"* eine gewisse Wahrheit enthält, sollte man nicht davon ausgehen, dass sich Konflikte einfach von selbst lösen. Selbst unausgesprochene Konflikte können sich tief im Menschen festsetzen, sodass sich ein gewisser Groll und Unbehagen selbst nach Jahren noch bemerkbar machen.

Um solche Konflikte rational und ohne emotionale Beeinträchtigungen zu lösen, ist eine ausgewogene Resilienz erforderlich. Der Begriff *„Resilienz"* stammt vom lateinischen *„resiliere"* (abprallen, zurückspringen), was eine gewisse Widerstands,- und Anpassungsfähigkeit beschreibt. Dies bedeutet, dass man in der Lage sein muss, flexibel auf Konflikte zu reagieren und nicht alles persönlich zu nehmen.

Es sind die Fähigkeiten, die uns Menschen und Führungskräfte auszeichnen und einzigartig machen, nicht die Urkunden, Zertifikate oder Zeugnisse. Resilienz ist ebenfalls eine Fähigkeit, die man sich im Laufe der Zeit aneignen kann. Dabei ist es wichtig, dass man diese Fähigkeit richtig erlernt und keine Barrieren gegenüber anderen Menschen aufbaut. Fähigkeiten zu entwickeln erfordert Zeit, Geduld und den Willen, sich diese anzueignen. Mit einem Leitfaden kannst du sicherstellen, dass du die Fähigkeit zur Resilienz gezielt entwickelst.

Das Aneignen neuer Fähigkeiten verhält sich ähnlich wie das Erlernen des Skifahrens. Natürlich kannst du eigeninitiativ deine Ausrüstung zusammenstellen, in die Berge fahren und versuchen, unversehrt die Piste hinunterzufahren. Wenn du von Natur aus ein talentierter und sportaffiner Mensch bist, könnte dir das möglicherweise auch gelingen. Doch stell dir vor, du hättest eine kompetente Fachberatung in Anspruch genommen. Vielleicht hättest du dann nicht unwissentlich die falschen Skier gekauft, sondern stattdessen genau die richtige Ausrüstung gewählt. Ein Skilehrer hätte dir außerdem gezeigt, wie du die Kurven korrekt nimmst, dein Gewicht verlagert und deine Geschwindigkeit kontrollierst, ohne dabei ins Stürzen zu geraten. Mit professioneller Anleitung hättest du dich nicht nur schneller verbessert, sondern wärst auch sicherer und mit mehr Selbstvertrauen die Piste hinuntergefahren.

Ähnlich verhält es sich beim Erlernen neuer Fähigkeiten wie der Resilienz. Ohne klare Anleitung besteht die Gefahr, sich in ineffizienten Techniken zu verlieren, schlechte Angewohnheiten zu entwickeln oder langsamer Fortschritte zu machen. Ein gut strukturierter Leitfaden, wie ihn dir dieses Buch bieten soll, kann dir helfen, häufige Fehler zu vermeiden, effektive Strategien zu erlernen und deine persönliche Entwicklung zu beschleunigen.

Die Fähigkeit, Konflikte konstruktiv zu bewältigen, ist für den Erfolg einer Führungskraft und somit für den Erfolg des gesamten Unternehmens von entscheidender Bedeutung. Unabhängig davon, ob ein Konflikt berechtigt oder unbegründet ist, bleibt die zentrale Herausforderung, ihn konstruktiv zu lösen. Emotionen spielen oft eine wesentliche Rolle, und es ist wichtig, diese nicht zu ignorieren, sondern in die Lösungsfindung einzubeziehen, um eine nachhaltige Lösung zu erreichen.

In der dynamischen und oft unvorhersehbaren Berufswelt ist Resilienz für Führungskräfte unerlässlich. Sie ermöglicht es dir, Herausforderungen standhaft zu begegnen und dich schnell von Rückschlägen zu erholen. Resilienz ist die Fähigkeit, in schwierigen Zeiten ruhig und zielgerichtet zu bleiben, um fundierte Entscheidungen zu treffen und dein Team sicher durch herausfordernde Phasen zu führen.

Im Alltag können zahlreiche Herausforderungen auftreten, bei denen eine starke Resilienz den Unterschied ausmachen kann.

Hier sind einige Beispiele, die die Vielfalt der Situationen verdeutlichen, in denen eine ausgeprägte Resilienz besonders wichtig ist:

### Krisenmanagement

Stell dir vor, ein gut besuchtes Restaurant wird plötzlich von einer schweren Überschwemmung heimgesucht, die die Küche und den Lagerraum verwüstet und den Betrieb vorübergehend unmöglich macht. In dieser kritischen Situation ist eine starke Resilienz unerlässlich. Die Restaurantleitung muss schnell Entscheidungen treffen, um den Betrieb aufrechtzuerhalten. Dies könnte beinhalten, alternative Lieferanten für dringend benötigte Zutaten zu finden, temporäre Kücheneinrichtungen zu organisieren und sicherzustellen, dass die Mitarbeiter weiterhin beschäftigt und motiviert bleiben.

Gleichzeitig ist es wichtig, die Gäste über die Situation zu informieren, um ihren Unmut zu minimieren und das Vertrauen in das Restaurant zu erhalten. Dies erfordert eine gute Kommunikation und möglicherweise die Einführung spezieller Angebote oder Events, um die Kundenbindung zu stärken. Eine resiliente Führungskraft in der Gastronomie navigiert durch diese Herausforderungen, findet kreative Lösungen und führt das Team durch die Krise, um das Restaurant wieder auf Kurs zu bringen und zukünftige Rückschläge abzufedern.

### Plötzliche Veränderungen im Team

Stell dir vor, ein führender Softwareentwickler verlässt überraschend das Unternehmen mitten in der Entwicklung eines kritischen Projekts. Die verbleibenden Teammitglieder sind plötzlich mit einer erheblichen Arbeitslast konfrontiert, und es droht, dass die Projektfristen nicht eingehalten werden. In dieser Situation ist die Resilienz des Teamleiters gefragt.

Er müsste umgehend handeln, um den reibungslosen Fortgang des Projekts zu gewährleisten. Das bedeutet, dass er schnell die Aufgaben neu verteilen und das Team motivieren müsste, um die zusätzlichen Anforderungen zu bewältigen. Möglicherweise müsste er auch kurzfristig neue Teammitglieder einarbeiten oder externe Fachkräfte einbinden, um die Lücke zu füllen.

Es wäre seine Aufgabe, eine transparente Kommunikation sicherzustellen, um Unsicherheit im Team zu minimieren und den Fokus auf die Projektziele zu erhalten. Er müsste kreative Lösungen finden, um den Erfolg des Projekts trotz der unerwarteten Veränderungen zu sichern und die Teamdynamik aufrechtzuerhalten.

### Hoher Arbeitsdruck und Überlastung

Stell dir vor, dein Team befindet sich mitten in einer kritischen Phase eines Projekts, und alle Mitarbeiter müssen regelmäßig Überstunden leisten, um die Deadline einzuhalten. Der hohe Arbeitsdruck beginnt, seine Spuren zu hinterlassen. Die Stimmung sinkt, der Stresspegel steigt, und die Gefahr von Burnout nimmt zu. In dieser belastenden Situation ist deine Resilienz als Führungskraft besonders gefragt.

Du müsstest sofort Maßnahmen ergreifen, um die eigene Belastbarkeit aufrechtzuerhalten und das Wohlbefinden deiner Mitarbeiter zu fördern. Das bedeutet, dass du Wege finden müsstest, um den Stress zu reduzieren, wie zum Beispiel durch die Einführung von kurzen Pausen, die Verbesserung der Arbeitsorganisation oder die Bereitstellung von zusätzlicher Unterstützung. Deine Aufgabe wäre es, ein unterstützendes Arbeitsumfeld zu schaffen, das den Druck abfedert und das Team motiviert hält, damit alle gemeinsam die Herausforderungen der Projektphase erfolgreich meistern können.

**Persönliche Herausforderungen**
Stell dir vor, du bist Führungskraft und dein Kind wird plötzlich schwer krank. Diese Situation erfordert deine ungeteilte Aufmerksamkeit und emotionale Präsenz, während du gleichzeitig deine beruflichen Aufgaben erfüllen musst. Dein Kind benötigt rund um die Uhr Unterstützung, und die familiären Verpflichtungen fordern dich emotional stark. Gleichzeitig fragen deine Kollegen immer wieder nach deiner Verfügbarkeit und deinem Engagement für das Unternehmen.

In einer solchen Situation ist es wichtig, dass du die Balance hältst, indem du klare Grenzen setzt, um sowohl deine beruflichen als auch persönlichen Verpflichtungen zu erfüllen.

Ich vertrete die Meinung, dass Familie und persönliche Situation Vorrang haben und mit höchster Priorität behandelt werden sollten. Die Herausforderung besteht darin, einen Weg zu finden, sowohl als Elternteil präsent zu sein als auch deine Führungspflichten professionell zu erfüllen. Deine Fähigkeit, ruhig und organisiert zu bleiben, trotz der emotionalen und praktischen Belastungen, wird entscheidend sein, um in dieser schwierigen Zeit sowohl für deine Familie als auch für dein Unternehmen da zu sein.

Natürlich hoffe ich, dass du mit solchen Themen nicht konfrontiert wirst – das wäre ideal. Dennoch ist es wichtig, sich der Tatsache bewusst zu sein, dass solche Herausforderungen und Probleme existieren und eintreten können. Es ist wie bei einer Flutwelle: Es ist besser, sich im Voraus vorzubereiten und präventive Maßnahmen zu ergreifen, um den Schaden zu minimieren, als erst dann zu reagieren, wenn die Welle mit voller Wucht zuschlägt.

Resilienz entwickelt sich über Jahre hinweg durch Erfahrungen und ist essenziell, um sich von Rückschlägen nicht entmutigen zu lassen. Sie unterstützt dich dabei, immer wieder aufzustehen, weiterzumachen und an dich sowie deine Fähigkeiten zu glauben. Ein bekanntes Zitat von Muhammad Ali (1942-2016), dem legendären US-amerikanischen Boxer, lautet: *„Fall sieben Mal, steh acht Mal auf."* Dieses Zitat verdeutlicht die Entschlossenheit, niemals aufzugeben und stets zurückzukommen, um weiterzumachen.

Ebenso ist das berühmte Zitat von Winston Churchill (1874-1965), dem ehemaligen Premierminister des Vereinigten Königreichs, *„Geben Sie niemals, niemals, niemals auf"* eine starke Inspirationsquelle. Churchill, bekannt für seine unerschütterliche Entschlossenheit während des Zweiten Weltkriegs, zeigt uns durch seine Worte, wie wichtig es ist, auch in den schwierigsten Zeiten standhaft zu bleiben.

Diese Botschaften werden nicht nur durch prominente Persönlichkeiten wie Churchill und Ali verkörpert, sondern auch durch Menschen in unserem direkten Umfeld. Menschen, die außergewöhnliche Erfolge erzielt haben, indem sie sich Herausforderungen mit Entschlossenheit und Resilienz gestellt haben.

So wie unser lieb gewonnener Freund Zoran aus New York. Er hegte eine leidenschaftliche Begeisterung für Karate, wanderte von Serbien in die USA aus und begann dort ein neues Kapitel seines Lebens. Doch im Jahr 2012 wurde er von der Diagnose Leukämie mit voller Wucht getroffen. Der Kampf um sein Überleben begann mit einer Intensität, die er sich niemals hätte vorstellen können. In diesen schweren Zeiten zeigte sich seine außergewöhnliche Resilienz. Trotz der körperlichen und emotionalen Herausforderungen hielt er an seiner Hoffnung fest.

Dank medizinischer Fortschritte und der bedingungslosen Hilfsbereitschaft einer bemerkenswerten Frau gab es Hoffnung. Diese Frau war meine Schwiegermutter Elke.

Sie stellte sich als Spenderin zur Verfügung und rettete ihm mit ihrer Spende das Leben. Im Jahr 2016, nachdem beide die Anonymitätsvereinbarung aufgehoben und ihre Zustimmung zur persönlichen Begegnung gegeben hatten, fand das erste Treffen bei uns in Deutschland statt. Der Gedanke an diesen Moment verursacht mir immer noch Gänsehaut.
Heute sind wir gute Freunde, und es erfüllt uns mit großer Freude zu berichten, dass er mittlerweile als geheilt gilt. Unser Freund hat uns eine wichtige Wahrheit klar gemacht: *„Ein gesunder Mensch hat tausend Wünsche, während ein kranker Mensch nur einen einzigen hat"*. Er hat niemals aufgegeben und am Ende den Kampf gewonnen.

Nachdem man durch die Hölle gegangen ist und den Weg wieder herausgefunden hat, betrachtet man das Leben aus einem völlig neuen Blickwinkel. Dankbarkeit gewinnt eine noch tiefere Bedeutung, genauso wie die kostbaren Momente mit der eigenen Familie. Diese Geschichten zeigen uns: *„Aufgeben ist keine Option"*. Es ist in Ordnung, Narben zu tragen, denn sie sind Zeugen unseres Kampfes. Wenn wir unseren Blick auf die Menschen um uns richten, die niemals aufgegeben haben, erkennen wir: *„Das Unmögliche birgt stets eine Tür zur Veränderung, eine Tür, hinter der Hoffnung wohnt."*

## Die drei Säulen der Resilienz

### 1. Mentale Resilienz

Mentale Resilienz ist die Fähigkeit, unter Druck klar und strukturiert zu denken. Sie hilft dir, flexibel auf neue Informationen zu reagieren und aus Erfahrungen zu lernen. Diese Fähigkeit ist besonders wichtig, um Herausforderungen effektiv zu bewältigen und den Fokus zu behalten, auch wenn die Situation schwierig wird.

Stell dir vor, ein Marathonläufer kämpft während eines Rennens plötzlich mit Erschöpfung. Anstatt aufzugeben oder sich von der Situation überwältigen zu lassen, zeigt er mentale Resilienz, indem er seine Strategie anpasst. Vielleicht reduziert er sein Tempo, konzentriert sich auf seine Atmung und nutzt positive Selbstgespräche, um sich zu motivieren. Durch diese Anpassungen kann er seine Energie besser einteilen und erfolgreich ins Ziel gelangen.

### 2. Emotionale Resilienz

Emotionale Resilienz betrifft den Umgang mit eigenen und fremden Emotionen und ist wichtig, um in herausfordernden Situationen konstruktiv zu handeln. Sie umfasst Selbstbewusstsein und die Fähigkeit, Emotionen zu regulieren, um Konflikte rational zu lösen.

Stell dir vor, du bist Teamleiterin und stehst plötzlich vor einem hitzigen Meeting, in dem die Emotionen hochkochen.

Zwei Teammitglieder sind in einen erbitterten Streit über die Projektstrategie verwickelt, und die Stimmung im Raum ist angespannt. Die Diskussion wird zunehmend emotional, und du merkst, dass auch deine eigene Geduld auf die Probe gestellt wird.

In diesem Moment zeigt sich deine emotionale Resilienz darin, dass du deine eigenen Emotionen unter Kontrolle hältst, obwohl du vielleicht frustriert oder gestresst bist. Statt dich von der hitzigen Atmosphäre mitreißen zu lassen, bleibst du ruhig und gelassen. Du hörst aktiv zu, versuchst, die Perspektiven beider Parteien zu verstehen und leitest das Gespräch in konstruktive Bahnen. Dein Ziel ist es, einen Kompromiss zu finden, der für alle akzeptabel ist, und damit den Konflikt zu lösen, ohne die Teamdynamik weiter zu belasten.

Im Kapitel *„Die Macht der emotionalen Intelligenz"* erfährst du noch mehr, wie du deine emotionale Resilienz erfolgreich nutzen kannst, um solche Konflikte zu bewältigen.

3. **Physische Resilienz**

Diese Säule bezieht sich auf die körperliche Gesundheit und Energie. Ein gesunder Lebensstil, der regelmäßige Bewegung, ausgewogene Ernährung und ausreichenden Schlaf umfasst, stärkt sowohl die mentale als auch die emotionale Widerstandsfähigkeit. Diese körperliche Grundlage ist vergleichbar mit dem Kaktus, der sich an extreme Bedingungen angepasst hat und in der Wüste gedeiht.

Stell dir vor, du arbeitest in der Notfallchirurgie, einem Bereich, der dir sowohl mental als auch emotional enorm viel abverlangt. Die Intensität und der Druck sind nahezu konstant, während du in der entscheidenden Phase eines Eingriffs oder inmitten eines hektischen Notfallraums stehst. Hier wird besonders deutlich, wie essenziell eine starke körperliche Basis ist. Regelmäßige körperliche Betätigung, eine ausgewogene Ernährung und ausreichender Schlaf sind nicht nur Grundlagen für deine Gesundheit, sondern sie sind entscheidend für deine Fähigkeit, in diesem stressreichen Umfeld effektiv zu agieren.

Wenn du dich beispielsweise in der Vorbereitung auf eine komplexe Operation befindest und der Stress beginnt, dir auf die Nerven zu gehen, wirst du merken, wie dir eine regelmäßige Sporteinheit nicht nur den körperlichen Schub gibt, den du brauchst, sondern auch deinen Geist klärt und deine Stimmung hebt. Diese Routine sorgt dafür, dass du dich energetisiert und fokussiert fühlst, bereit, die Herausforderungen des Tages mit der nötigen Präzision und Gelassenheit zu meistern. Dein Körper ist gut vorbereitet und in Form, was dir hilft, auch in den intensivsten Momenten der Notfallchirurgie ruhig und konzentriert zu bleiben.

## Resilienz in der modernen Führung

In der dynamischen Geschäftswelt ist Resilienz ein unverzichtbarer Erfolgsfaktor für Führungskräfte. Sie ermöglicht es nicht nur, kurzfristige Herausforderungen zu meistern, sondern auch langfristige Ziele und Visionen erfolgreich zu verfolgen. Resiliente Führungskräfte zeichnen sich durch ihre Fähigkeit aus, sich an Veränderungen anzupassen und gleichzeitig ihre Teams zu inspirieren und zu motivieren.

Ein tolles Beispiel für Resilienz in Krisenzeiten zeigte sich während der Corona-Pandemie von 2020 bis 2022. Als weltweit Reisebeschränkungen und umfassende Reiseverbote eingeführt wurden, standen viele Fluggesellschaften vor existenziellen Herausforderungen. Ed Bastian, der CEO von Delta Air Lines, sah sich mit dramatischen Einbrüchen im Passagieraufkommen konfrontiert und musste schnell handeln, um sein Unternehmen durch die Krise zu steuern. Bastian führte sofortige Maßnahmen zur Kostenreduzierung durch, einschließlich freiwilliger unbezahlter Urlaube und Gehaltskürzungen für Führungskräfte, und sicherte zusätzliche Liquidität durch Kredite und den Verkauf von Unternehmensanteilen. Zudem stellte Delta Air Lines seine Flugzeuge verstärkt für Frachttransporte um, um neue Einnahmequellen zu erschließen, und führte umfassende Hygienemaßnahmen ein, um das Vertrauen der Reisenden zurückzugewinnen. Trotz der wirtschaftlichen Herausforderungen setzte sich Bastian für die Unterstützung seiner Mitarbeiter ein, bot Weiterbildungsprogramme an und kommunizierte transparent über die Lage und die Maßnahmen des Unternehmens.

Dank dieser Maßnahmen konnte Delta Air Lines die Krise besser bewältigen als viele Wettbewerber und behielt eine starke Marktposition.

In einer Welt, die sich ständig verändert, ist die Fähigkeit, mit Ungewissheit und Wandel umzugehen, unerlässlich.

**Denn nichts ist so beständig wie der Wandel.**

Dies wurde besonders deutlich, als Einzelhandelsunternehmen durch die Pandemie gezwungen waren, ihre Geschäftsmodelle radikal zu überdenken. Ein beeindruckendes Beispiel dafür ist die Transformation von Walmart unter der Führung von Doug McMillon, dem CEO des Unternehmens. Als die Pandemie ausbrach, sah sich Walmart mit einer beispiellosen Nachfrage nach bestimmten Produkten und zugleich mit Einschränkungen im stationären Handel konfrontiert. McMillon und sein Team reagierten schnell, indem sie den Online-Verkauf massiv ausbauten und neue Liefermodelle implementierten, darunter kontaktlose Abhol- und Lieferdienste. Zudem bot Walmart virtuelle Shopping-Erlebnisse und persönliche Beratungen per Videoanruf an, um den Kunden weiterhin eine ansprechende Einkaufserfahrung zu bieten. Diese Anpassungsfähigkeit ermöglichte es dem Unternehmen, die Veränderungen erfolgreich zu integrieren und seine Wettbewerbsfähigkeit zu erhalten. Dank der schnellen und effektiven Maßnahmen konnte Walmart nicht nur seine Marktposition stärken, sondern auch einen wichtigen Beitrag zur Versorgung der Bevölkerung in der Krisenzeit leisten.

Ein weiteres Beispiel für die Anpassungsfähigkeit und Resilienz von Unternehmen ist die Einführung von Microsoft Teams. Diese Software, die von Microsoft entwickelt wurde, hat die Art und Weise, wie wir arbeiten, revolutioniert. Vor der Corona Pandemie war es üblich, für Geschäftstreffen und Präsentationen lange Reisen auf sich zu nehmen. Dies konnte mehrere Tage in Anspruch nehmen, einschließlich Hin- und Rückreise sowie der eigentlichen Präsentation. Ich erinnere mich noch gut an eine Dienstreise im Jahr 2016 nach Mladá Boleslav in die Tschechische Republik, um bei Skoda ein Angebot vorzustellen. Ein ganzer Tag ging für die Anreise drauf, der zweite Tag bestand aus der eigentlichen Angebotsvorstellung, und der dritte Tag war für die Heimreise reserviert. Ein heute fast unvorstellbares Szenario, dank der Resilienz vieler Unternehmen, die mittlerweile viele Tätigkeiten digital abbilden können. Heutzutage können ähnliche Meetings in wenigen Stunden über Microsoft Teams abgehalten werden, ohne dass man das Büro verlassen muss. Diese Veränderung hat nicht nur die Effizienz gesteigert, sondern auch die Kosten und den ökologischen Fußabdruck reduziert.

Ein weiteres inspirierendes Beispiel für Resilienz findet sich im Sport, speziell im Fußball. Die deutsche Fußballnationalmannschaft unter Trainer Joachim Löw zeigte während der FIFA-Weltmeisterschaft 2014 eine außergewöhnliche Resilienz. Nach einer intensiven Vorbereitung und durchdachten strategischen Planung führte Joachim Löw sein Team erfolgreich durch das Turnier, das am Ende mit dem Weltmeistertitel gekrönt wurde.

Eines der eindrucksvollsten Spiele dieser Meisterschaft war das Halbfinale gegen Brasilien. Unter extremem Druck und vor einem heimischen Publikum in Belo Horizonte behielt Joachim Löw einen klaren Kopf und entschied sich für eine offensive Taktik. Das Ergebnis war ein historischer 7:1-Sieg gegen die Gastgebernation. Diese Entscheidung und die Fähigkeit, ruhig und fokussiert zu bleiben, trotz des enormen Drucks und der hohen Erwartungen, demonstrieren Joachim Löws seine außergewöhnliche Resilienz und Führungsstärke.

Letztlich ist Resilienz in der Führung nicht nur eine Eigenschaft zur Bewältigung von Krisen, sondern eine Schlüsselkompetenz, die es ermöglicht, sowohl die täglichen Herausforderungen als auch die langfristigen Veränderungen mit Zuversicht und Effektivität zu meistern. Sie stärkt die Fähigkeit, aus jeder Situation zu lernen, sich weiterzuentwickeln und die eigene Vision trotz aller Widrigkeiten zu verfolgen.

Resiliente Führungskräfte sind in der Lage, durch jede Krise hindurchzusehen, kontinuierlich neue Wege zu finden und ihre Mannschaft in eine erfolgreiche Zukunft zu führen.

*Gewinne oder lerne, aber verliere niemals*

Zitat von John Kavanagh

# Die Kraft der Konflikte

Konflikte sind oft mit negativen Assoziationen behaftet, doch sie bergen eine außergewöhnliche Kraft für persönliches und berufliches Wachstum. Unbehandelte Konflikte können jedoch schwerwiegende Folgen haben. Insbesondere unausgesprochene Konflikte können sich tief in das Arbeitsumfeld eingraben, das Betriebsklima vergiften und zu einem Verlust von Vertrauen und Produktivität führen. Diese Konflikte manifestieren sich häufig durch mangelnde Kommunikation und schwelende Spannungen, die langfristig das gesamte Team belasten können.

Bevor wir uns damit beschäftigen, wie Konflikte in wahre Erfolge verwandelt werden können, ist es wichtig, die möglichen Folgen unbehandelter Konflikte zu verstehen. In diesem Kapitel widmen wir uns daher zunächst den negativen Auswirkungen ungelöster Konflikte und den schwerwiegenden Konsequenzen, die daraus entstehen können.

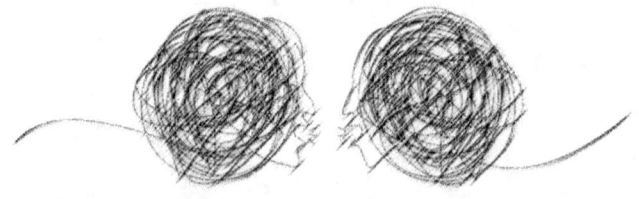

Unausgesprochene Konflikte wirken oft wie schleichende Parasiten, die sich unbemerkt in eine Beziehung oder Situation einnisten und kontinuierlich Schaden anrichten.

Wenn Konflikte nicht offen angesprochen werden, entstehen Misstrauen, Missverständnisse und negative Emotionen, die das Verhältnis belasten und die Kommunikation erheblich stören. Die Folgen solcher ungelösten Konflikte sind vielfältig und können schwerwiegende Auswirkungen haben.

Dazu gehören unter anderem:

### Verschlechterung des Arbeitsklimas

Ungelöste Konflikte können das Arbeitsklima erheblich beeinträchtigen. Ein unausgesprochener Konflikt kann eine Atmosphäre der Anspannung schaffen, die zu einer negativen Stimmung und einer allgemeinen Verschlechterung der Arbeitsmoral führt. Das Ergebnis ist oft ein Rückgang der Zusammenarbeit und ein gestörtes Teamgefüge.

### Verringerte Produktivität

Mitarbeiter, die in Konflikte verwickelt sind, verlieren häufig ihren Fokus. Anstatt sich auf ihre Aufgaben zu konzentrieren, sind sie mit den emotionalen und psychologischen Auswirkungen des Konflikts beschäftigt. Dies führt zu einer deutlichen Abnahme der Effizienz und Produktivität.

### Erhöhter Krankenstand

Der Stress, der aus ungelösten Konflikten resultiert, kann sich in körperlichen Beschwerden manifestieren, was zu einem erhöhten Krankenstand führt. Mitarbeiter, die sich in einer toxischen Umgebung befinden, sind anfälliger für stressbedingte Erkrankungen und benötigen daher häufiger krankheitsbedingte Auszeiten.

### Fluktuation von Mitarbeitern

Ein dauerhaft belastetes Arbeitsumfeld kann dazu führen, dass wertvolle und talentierte Mitarbeiter das Unternehmen verlassen. Die Fluktuation führt nicht nur zu einem Verlust an Know-how, sondern auch zu erhöhten Kosten für die Rekrutierung und Einarbeitung neuer Mitarbeiter.

### Stress und Angst

Unausgesprochene Konflikte erzeugen oft anhaltenden Stress und Angst, die langfristig die psychische Gesundheit beeinträchtigen. Chronischer Stress kann zu Erschöpfung, Schlafstörungen und emotionaler Instabilität führen, was das allgemeine Wohlbefinden stark mindert.

### Körperliche Symptome

Der durch ungelöste Konflikte ausgelöste Stress kann sich in körperlichen Beschwerden wie Kopfschmerzen, Muskelverspannungen und Verdauungsproblemen äußern. Zudem kann chronischer Stress das Immunsystem schwächen, wodurch die Anfälligkeit für Infektionen erhöht wird.

### Psychische Erkrankungen

Wenn Konflikte über einen langen Zeitraum ungelöst bleiben, können sie ernsthafte psychische Erkrankungen wie Depressionen oder Angststörungen hervorrufen. Die ständige emotionale Belastung beeinträchtigt nicht nur die Lebensqualität, sondern kann auch zu einem Gefühl der Hoffnungslosigkeit führen.

### Beziehungsprobleme

Die Auswirkungen ungelöster Konflikte beschränken sich nicht nur auf die Arbeit, sondern können auch persönliche Beziehungen belasten. Dies kann zu sozialer Isolation, Vertrauensproblemen und sogar zu weiteren Konflikten führen, was den Stress zusätzlich verstärkt.

Es ist daher wichtig, Konflikte frühzeitig zu erkennen und offen anzusprechen, um die gesundheitlichen und emotionalen Schäden zu minimieren und gesunde Beziehungen aufrechtzuerhalten.

Doch wie erkennt man frühzeitig solche Konflikte, die unter der Oberfläche brodeln?

Hierfür ist ein feines empathisches Gespür notwendig, der direkte Kontakt, um Mimik und Gestik seiner Mitarbeiter richtig zu interpretieren, sowie eine professionelle Kommunikation, die es schafft, denjenigen überhaupt zu erreichen, sodass man selbst gehört wird.

Konflikte sind ein unvermeidlicher Teil des Führungsalltags, aber das bedeutet nicht, dass du ihnen aus dem Weg gehen solltest. **Im Gegenteil!** Der Umgang mit Konflikten ist ein wesentlicher Aspekt effektiver Führung. Es geht darum, Konflikte als normalen Bestandteil des Arbeitsumfelds zu akzeptieren und sie konstruktiv zu nutzen.

Zu Beginn meiner beruflichen Laufbahn in einer Planungsabteilung hatte ich einen geschätzten Arbeitskollegen, dessen Umgang mit Konflikten mir damals Rätsel aufgab. Er schien regelrecht Freude daran zu finden, wenn Konflikte auftraten. Ein besonders prägnantes Beispiel ist mir noch lebhaft in Erinnerung: Ein Kunde kontaktierte uns und drohte, die Rechnung nicht zu begleichen und das gesamte Projekt zu stoppen. Dies hätte nicht nur unsere wirtschaftlichen Kennzahlen schwer belastet, sondern auch die langfristige Planung unseres Teams erheblich beeinträchtigt.

Es stellte sich heraus, dass der Kunde sich nicht ausreichend gehört fühlte und das Gefühl hatte, wir hätten seine speziellen Wünsche und Bedenken nicht genug berücksichtigt. Der eigentliche Konflikt lag also nicht in den Bedingungen des Projekts, sondern in der mangelnden Kommunikation und dem fehlenden Verständnis seitens unseres Teams.

Für meinen ehemaligen Arbeitskollegen war dieser Konflikt eine willkommene Herausforderung, eine Chance, seine Fähigkeiten in der Kundenkommunikation unter Beweis zu stellen. Während der Rest des Teams von der drohenden Eskalation eher eingeschüchtert war und versuchte, dem Problem auszuweichen, sah er darin eine Möglichkeit, sein diplomatisches Geschick und seine Problemlösungsfähigkeiten zu zeigen. Mit einem klaren Plan und einem geschickten Umgang mit dem Kunden konnte er nicht nur den Konflikt entschärfen, sondern auch das Vertrauen des Kunden zurückgewinnen.

Leider habe ich damals nicht im Detail verfolgt, wie genau mein ehemaliger Arbeitskollege diesen Konflikt gelöst hat. Damals war es mir wichtiger, zu verstehen, warum er in einer solchen Situation nicht nur ruhig und gelassen blieb, sondern sogar eine gewisse Begeisterung ausstrahlte, während andere im Team vor Angst zurückschreckten. Ich erkannte, dass sein Umgang mit Konflikten nicht nur eine professionelle Fähigkeit war, sondern auch eine Einstellung, die ihm half, Herausforderungen als Chancen zu betrachten.

Heute weiß ich, dass mein ehemaliger Arbeitskollege recht hatte. Jeder Konflikt birgt die Möglichkeit zum Wachstum und zur Verbesserung. Mittlerweile ist er ein erfolgreicher Abteilungsleiter in einem internationalen Unternehmen und genießt großen Respekt und Anerkennung von seinen Mitarbeitern. Sein Weg zum Erfolg zeigt, dass die Fähigkeit, Konflikte konstruktiv zu nutzen und sie als Chance zur Weiterentwicklung zu betrachten, eine Schlüsselkompetenz für nachhaltigen Erfolg ist. Sein Beispiel hat mir verdeutlicht, dass die wahre Kunst im Umgang mit Konflikten nicht darin besteht, sie zu vermeiden, sondern darin, sie als Sprungbrett für persönlichen und beruflichen Fortschritt zu nutzen.

## Mehr als eine Sichtweise

Konflikte werden oft als unangenehm und belastend empfunden, bieten jedoch einzigartige Chancen für persönliches und berufliches Wachstum sowie für Innovation. Sie wirken als Katalysatoren für positive Veränderungen, indem sie uns zwingen, neue Perspektiven einzunehmen, bestehende Prozesse zu hinterfragen und kreative Lösungen zu entwickeln. Konflikte eröffnen Lernmöglichkeiten, die in keiner anderen Situation so intensiv und wertvoll sind wie in diesen. Sie bieten die seltene Gelegenheit, die eigene Sichtweise zu reflektieren und sie mit der Wahrnehmung anderer zu vergleichen.

Dieser Perspektivwechsel ermöglicht es uns, nicht nur unsere Selbstwahrnehmung zu schärfen, sondern auch ein tieferes Verständnis für die Ansichten und Bedürfnisse anderer zu entwickeln. Die Voraussetzung dafür ist ein offenes Mindset und die Bereitschaft, Konflikte nicht als Bedrohung, sondern als Chance zu sehen.

Ein solches Mindset erfordert eine gewisse Anpassungsfähigkeit und die Bereitschaft, die eigene Meinung nicht als absoluten Maßstab zu betrachten, sondern offen für alternative Sichtweisen zu sein. Durch den Perspektivwechsel können wir Situationen aus einem neuen Blickwinkel betrachten und oft überraschende Einsichten gewinnen. Wenn wir lernen, Konflikte nicht zu vermeiden, sondern konstruktiv anzugehen, kann dieser Wechsel der Perspektive unerwartete und vielversprechende Alternativen aufzeigen, die uns unserem Ziel näherbringen.

Ein Beispiel für den Perspektivwechsel ist die Geschichte von den drei Blinden und dem Elefanten. Sie veranschaulicht, wie verschiedene Perspektiven zu unterschiedlichen Wahrnehmungen führen können:

Drei blinde Männer begegnen einem Elefanten und beginnen, ihn zu ertasten, um zu verstehen, was ein Elefant ist.

Der erste blinde Mann tastet das Bein des Elefanten und sagt: *"Ein Elefant ist wie ein Baumstamm. Er ist dick, fest und rau."*

Der zweite blinde Mann berührt den Rüssel und sagt: *"Nein, ein Elefant ist wie eine große Schlange. Er ist lang, flexibel und beweglich."*

Der dritte blinde Mann fühlt das Ohr des Elefanten und meint: *"Ihr beide irrt euch. Ein Elefant ist wie ein großes, flaches Blatt. Er ist dünn und breit."*

Jeder der Männer hat recht, aber nur aus seiner eigenen Perspektive. Sie erkennen jedoch nicht, dass der Elefant aus mehr als nur einem einzelnen Körperteil besteht und ihre Wahrnehmungen zusammen das vollständige Bild ergeben.

Dieses Beispiel lässt sich hervorragend auf den Alltag übertragen, da es verdeutlicht, dass in Konfliktsituationen oder bei Meinungsverschiedenheiten oft jeder Beteiligte nur einen Teil des *„Elefanten"* sieht. Jeder nimmt aus seiner eigenen Perspektive etwas Wahres wahr, aber niemand hat das vollständige Bild. Erst durch den Perspektivwechsel und das Zusammenführen aller Eindrücke können wir das Gesamtbild erfassen und eine Lösung finden.

Ein weiteres Beispiel für den Perspektivwechsel und die Notwendigkeit, die eigene Wahrnehmung nicht als absoluten Maßstab zu nehmen, erleben wir beim Autofahren.

Du kennst es sicherlich: Du bist auf der Autobahn unterwegs und es herrscht viel Verkehr. Um sicher ans Ziel zu kommen, behältst du den Verkehr im Blick, indem du regelmäßig in den Rückspiegel und die Seitenspiegel schaust. Der Rückspiegel gibt dir einen Überblick darüber, welche Fahrzeuge dir folgen, wie nah sie sind und was sich hinter dir abspielt. Die Seitenspiegel geben dir Aufschluss darüber, wer sich links und rechts von dir befindet und wie groß der Abstand zu dir und der Fahrspur ist.

Diese Spiegel zeigen jedoch nur das, was direkt hinter und neben deinem Auto liegt. Sie erweitern zwar deine Sicht und helfen dir, deine Umgebung besser einzuschätzen, aber sie haben ihre Grenzen: Sie erfassen nur einen begrenzten Bereich und können bestimmte Teile des Straßenbereichs, wie zum Beispiel den toten Winkel, nicht abdecken.

Um sicherzustellen, dass du keine unsichtbaren Gefahren übersiehst, besonders bei dichtem Verkehr, nutzt du eine weitere Perspektive, den Schulterblick. Dieser zusätzliche Blick über die Schulter ermöglicht es dir, die Bereiche zu überprüfen, die von den Spiegeln nicht erfasst werden.

Um dein Ziel sicher auf der Überholspur zu erreichen, musst du verschiedene Perspektiven nutzen, um ein vollständiges Bild der Situation zu erhalten. Erst dann kannst du sicher Vollgas geben.

Auch dieses Beispiel lässt sich hervorragend auf die Arbeitswelt übertragen. Es zeigt, wie wichtig es ist, sich nicht nur auf eine einzige Sichtweise zu verlassen. Jeder deiner Mitarbeiter hat eine andere Perspektive, einen anderen Blickwinkel, eine andere Einstellung und Wahrnehmung zur Sache. Es geht darum, so viele verschiedene Perspektiven wie möglich einzunehmen, um eine fundierte Entscheidung zu treffen. Wenn du bereit bist, deine eigene Perspektive zu verlassen und die deiner Mitarbeiter einzunehmen, erhältst du einen zusätzlichen Blickwinkel, der dir hilft, ein umfassenderes Bild der Situation zu bekommen. Andernfalls läufst du Gefahr, wichtige Aspekte zu übersehen, wenn du an deinem eigenen Standpunkt festhältst und nicht bereit bist, diesen zu hinterfragen.

## Der Rückspiegel: Ein Blick in die Vergangenheit

Bleiben wir bei der Metapher des Autofahrens: Der Rückspiegel im Auto gibt uns einen Blick auf das, was hinter uns liegt. Er zeigt uns, welche Fahrzeuge uns folgen und wie die Verkehrslage hinter uns ist. Der Rückspiegel hilft uns, unsere Vergangenheit aus einer bestimmten Distanz zu betrachten und bietet uns eine zusätzliche Perspektive. Doch er kann uns nicht sagen, was noch kommen wird.

Ähnlich betrachten wir im Leben oft unsere Vergangenheit, um aus Erfahrungen zu lernen und eigene Fehler zu reflektieren – eine wichtige und wesentliche Fähigkeit erfolgreicher Führungskräfte. Doch die wesentlich wichtigere Frage ist:

*„Wie gehen wir mit den Herausforderungen und Konflikten um, die uns in der Zukunft begegnen?"*

Ein häufiges Problem ist das Aufschieben unangenehmer Themen mit Konfliktpotenzial. Wir Menschen neigen dazu, schwierige Gespräche zu vermeiden und hoffen, dass sich die Probleme von selbst lösen. Diese Strategie ist selten erfolgreich und nicht wirklich ratsam. Das Aufschieben solcher Themen führt oft dazu, dass die Situation sich verschärft und komplexer wird, je länger sie ignoriert wird.

Wenn du die Fähigkeit entwickelst, auch unangenehme und schwierige Themen entschlossen anzusprechen, wird es dir leichter fallen, in den *„Rückspiegel"* zu blicken und aus deinen eigenen Fehlern zu lernen. Die Fähigkeit, ohne Reue auf die Vergangenheit zurückzublicken und sie konstruktiv zu reflektieren, ist eine wertvolle psychologische Stärke. Wenn du es schaffst, ohne Schuldgefühle auf deine Vergangenheit zu schauen, kannst du dein Potenzial besser erkennen und dein eigenes persönliches Wachstum fördern.

Der Rückspiegel bietet uns wichtige Einsichten in das, was hinter uns liegt, wie Lektionen und Erfahrungen. Doch um in der Zukunft erfolgreich zu sein, müssen wir lernen, den Blick nach vorne zu richten und unsere Ziele im Auge zu behalten.

## Konflikte gezielt angehen

Es ist wichtig zu betonen, dass ich dich nicht dazu ermutigen möchte, Konflikte bewusst zu entfachen, nur weil sie potenziell kraftvoll sein und Wachstum sowie Innovation fördern können. Konflikte sind nicht per se negativ, doch sie bergen Risiken und sollten mit Bedacht und Fingerspitzengefühl behandelt werden. Ideal wäre es, wenn du über herausragende Methodenkompetenzen und Soft-Skills verfügst, um potenzielle Konflikte frühzeitig zu vermeiden oder sie konstruktiv zu lösen, bevor sie eskalieren.

Nicht jeder Konflikt kann ohne Kollateralschäden zum Erfolg führen. Besonders bei tiefgreifenden Konflikten besteht die

Gefahr, dass alle Beteiligten Verluste erleiden, da nicht jeder so denkt, fühlt und damit umgeht wie du selbst. Auch wenn du für dich persönlich positive Erfahrungen aus einem Konflikt ziehst, kann es sein, dass dein Gegenüber diesen Konflikt ganz anders erlebt hat. Das innere Ich deines Gegenübers sieht möglicherweise den Konflikt nicht als Chance für Wachstum, sondern als eine schmerzhafte Erfahrung. Auch wenn das übergeordnete Ziel erreicht wird, bedeutet das nicht zwangsläufig, dass alle Beteiligten zufrieden sind oder emotional unversehrt bleiben.

Daher ist es ratsam, bei einer Konfliktsituation die eigenen Erwartungen zu drosseln und dich darauf einzustellen, dass nicht alle deine Erwartungen erfüllt werden. Wenn es dir gelingt, den Konflikt erfolgreich zu bewältigen und zu einem positiven Ergebnis zu kommen, sei stolz auf dich. Dies zeigt, dass du über herausragende persönliche Fähigkeiten, Fingerspitzengefühl und Empathie verfügst.

Es ist nicht notwendig, deinen Erfolg im Umgang mit Konflikten gegenüber Dritten zur Schau zu stellen. Deine wahre Belohnung liegt darin, dass du dir selbst bewiesen hast, eine herausragende Persönlichkeit mit viel Sensibilität zu sein. Handle stets integer und orientiere dich an deinen eigenen Werten und Interessen. Der Erfolg in einem Konflikt wird nicht durch die Anerkennung Dritter gemessen, sondern durch die Übereinstimmung mit deinen eigenen Prinzipien und die positive Veränderung, die du bewirken kannst.

Denke daran: Dein Ziel sollte immer sein, mit Integrität zu agieren und die langfristigen Auswirkungen deines Handelns im Blick zu behalten. In den Momenten, in denen du dir selbst treu bleibst und deine Werte hochhältst, schaffst du nicht nur Lösungen für die Herausforderungen von heute, sondern legst auch den Grundstein für eine stärkere, gerechtere Zukunft. Dein wahres Wachstum liegt in der Fähigkeit, durch Konflikte hindurch nicht nur das Beste aus dir selbst herauszuholen, sondern auch eine positive und nachhaltige Veränderung für alle Beteiligten zu bewirken.

*Konflikte sind wie Feuer.*
*Richtig behandelt, wärmen sie,*
*falsch behandelt, zerstören sie*

Zitat von Thomas S. Monson

# Konflikte erfolgreich entschärfen

Konflikte gehören zum beruflichen Alltag und sind nahezu unvermeidlich. Sie entstehen oft durch Missverständnisse, unterschiedliche Prioritäten und vor allem durch Kommunikationsprobleme, die zu den Hauptursachen zählen. Doch trotz der Unvermeidlichkeit gibt es bewährte Techniken und Methoden, um Konflikte erfolgreich zu entschärfen. Dazu gehört nicht nur ein tiefes Verständnis der Konfliktursachen, sondern auch eine proaktive Herangehensweise zur Vermeidung von Konflikten.

Um Konflikte frühzeitig zu erkennen und zu verhindern, ist es wichtig, die typischen Situationen zu kennen, die zu Spannungen führen können. Das bedeutet, dass du über eine umfassende Menschenkenntnis verfügen musst.

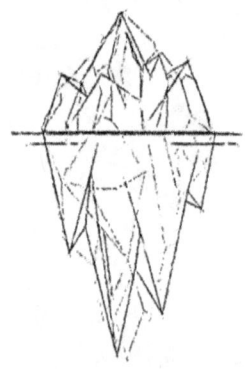

Indem du regelmäßig Kontakt zu deinen Mitarbeitern und Kollegen pflegst, bekommst du Einblicke in ihre Bedürfnisse, Stärken, Schwächen, Vorlieben und Abneigungen.

Diese Kenntnisse ermöglichen es dir, potenziellen Konflikten vorzubeugen, bevor sie sich entwickeln und eskalieren.

Für extrovertierte Menschen mag das leichter fallen, da sie von Natur aus offener sind und bereitwillig Informationen teilen. Dennoch ist es wichtig, dass du nicht nur die Arbeitsmoral deiner Mitarbeiter verstehst, sondern auch eine tiefere Beziehungsebene erreichst. Lerne nicht nur die oberflächlichen Aspekte ihrer Arbeitsweise kennen, sondern tauche tiefer ein, um ihre persönlichen Motivationen und Werte zu verstehen. Dies setzt echtes Interesse an den Menschen voraus, die hinter den Schreibtischen sitzen.

Das Aufbauen tiefer Beziehungen ist ein wesentlicher Bestandteil, um Konflikte zu vermeiden. Gehe über oberflächliche Gespräche hinaus und bemühe dich, auf der Beziehungsebene echte Verbindungen herzustellen. Ein Weg, dies zu tun, ist, persönliches Interesse zu zeigen und regelmäßig nach dem Wohlbefinden deiner Mitarbeiter zu fragen.

Ein Beispiel: Du könntest einen Mitarbeiter, der kürzlich im Urlaub war, fragen: *„Wie war dein Urlaub mit deinen Kindern? Ist alles gut verlaufen? Was habt ihr schönes Unternommen?"* Solche Fragen zeigen, dass du echtes Interesse an ihrem Leben außerhalb der Arbeit hast und nicht nur an ihrer beruflichen Leistung. Wichtig ist dabei, dass dieses Interesse wirklich authentisch ist. Menschen erkennen schnell, ob eine Frage nur aus Höflichkeit gestellt wird oder ob echtes Interesse dahintersteckt.

Wenn das Interesse nicht aufrichtig ist, wirkt das Gespräch schnell oberflächlich und kann das Gegenteil bewirken, indem es die Beziehung belastet statt stärkt. Echtes Interesse hingegen schafft Vertrauen und baut eine Verbindung auf, die über das rein Berufliche hinausgeht.

Du könntest dich an ein Gespräch erinnern und fragen: *„Du hattest neulich erwähnt, dass dein Kind mit dem Fußballtraining begonnen hat. Wie läuft es damit?"* Diese Art von Fragen zeigt nicht nur, dass du dich erinnerst, sondern auch, dass dir das Leben deines Mitarbeiters wirklich am Herzen liegt. Solche Gespräche fördern ein tiefes Vertrauen, das nicht nur die Beziehung stärkt, sondern auch die Zusammenarbeit erleichtert. Aktives Zuhören ist eine der höchsten Formen der Wertschätzung, und wenn du das, was dir gesagt wurde, in zukünftige Gespräche einbaust, unterstreichst du, dass du aufmerksam zugehört hast. Das schafft Vertrauen, eine wesentliche Grundlage für die Lösung von Konflikten. Vertrauen erleichtert es, schwierige Themen anzusprechen und gemeinsam Lösungen zu finden. Fehlt dieses Vertrauen oder ist es gestört, wird die Konfliktbewältigung deutlich schwieriger und anstrengender.

## Ziele und Orientierung bieten

Ein oft übersehener Aspekt bei der Vermeidung von Konflikten ist die klare Zielstellung. Ohne konkrete Zielvorgaben laufen Teams Gefahr, Ressourcen zu verschwenden und Konflikte zu verursachen, weil jeder einzelne seine eigene Richtung und Interessen verfolgt. Statt dass alle an einem Strang ziehen, kocht jeder seine eigene *„Suppe"*. Das Ergebnis ist oft ein Wettbewerb innerhalb des Teams, der zu Missverständnissen und Spannungen führt.

Ein starkes Gemeinschaftsgefühl und eine klare, gemeinschaftliche Zielsetzung sind daher unerlässlich. Diese schaffen Orientierung und verhindern, dass Einzelpersonen ihre eigenen Ziele über die des Teams stellen. Setze klare Ziele, kommuniziere sie deutlich und sorge dafür, dass alle im Team den gleichen Weg einschlagen. Dies sorgt für eine gemeinsame Ausrichtung und minimiert die Gefahr von Konflikten.

## Der Schlüssel zur erfolgreichen Kommunikation

Kommunikationsprobleme sind eine häufige Ursache für Konflikte. Ich erinnere mich noch an einen Geschäftsführer aus Shanghai, den ich während eines Projekts persönlich vor Ort kennenlernen durfte. Er sagte einmal: *„Kommunikation ist alles."* Trotz der Kürze dieser Aussage steckt viel Wahrheit darin und bringt es auf den Punkt. Ohne professionelle Kommunikationstechniken wirst du Schwierigkeiten haben, Konflikte erfolgreich vorzubeugen oder zu lösen.

Ich war damals in Shanghai noch etwas unerfahren und habe so kommuniziert, wie mir der Schnabel gewachsen war, ohne dabei auf verschiedene kulturelle Aspekte zu achten und diese zu berücksichtigen. In China ist es nämlich so, dass die Menschen ihr Gesicht wahren möchten, was eine Art ihrer Ehre darstellt, und sie Fehler oder Missverständnisse selten offen zugeben würden. Als ich bei der Einführung eines Kickoffs die Aufgabenstellung erklärt habe, wollte ich mich lediglich absichern, ob jeder diese auch wirklich verstanden hatte.

Als dann alle meiner chinesischen Kollegen nickten und keine Gegenfragen kamen, wurde ich skeptisch. Daraufhin habe ich mir willkürlich einen Kollegen ausgesucht und ihn darum gebeten, die Aufgabenstellung vor dem Team zu wiederholen, da wir ohnehin schon eine Kommunikationsbarriere durch die englische Sprache hatten.

Ich hegte keine böswilligen Absichten, ganz im Gegenteil, aber diese Vorgehensweise überschritt moralische Grenzen und die Folge war, dass der Kollege am nächsten Tag nicht mehr zur Arbeit erschien. Selbstverständlich habe ich dann die Sache selbst in die Hand genommen, den Kollegen angerufen und klargestellt, dass ich keineswegs böse Absichten hatte, sondern nur sicherstellen wollte, dass wir alle ein gemeinsames Verständnis haben. Doch diese Erfahrung und der Satz *„Kommunikation ist alles"* sind mir besonders intensiv in Erinnerung geblieben und haben mir eine wichtige Lektion erteilt.

Unklare oder fehlerhafte Informationen können zu Missverständnissen und Frustration führen. Wenn ein Team widersprüchliche Anweisungen erhält, kann dies zu Verwirrung und Streit führen. Daher ist eine präzise und klare Kommunikation essenziell. Regelmäßige Updates und eine offene Kommunikationskultur können helfen, Probleme frühzeitig zu erkennen und zu verhindern.

Das bedeutet, dass du in deiner Kommunikation Klarheit und Transparenz schaffen musst. Erkläre die Gründe hinter Entscheidungen, stelle sicher, dass Informationen vollständig und genau sind, und ermutige zu offenen Gesprächen. Dies fördert nicht nur ein besseres Verständnis, sondern auch eine Umgebung, in der Missverständnisse minimiert werden.

Indem du diese Prinzipien in deinen Arbeitsalltag integrierst, legst du den Grundstein für ein harmonisches und produktives Arbeitsumfeld. Ein Umfeld, in dem Konflikte nicht nur besser vermieden, sondern auch effektiver gelöst werden können. Ein solches Umfeld trägt dazu bei, dass alle Mitarbeiter engagiert und motiviert bleiben, was letztendlich den Erfolg des Unternehmens sichert.

# Die effektivsten Kommunikationstechniken

Kommunikation ist ein allgegenwärtiger Prozess. Wir kommunizieren ständig, ob bewusst oder unbewusst. Merke dir: Man kann nicht **nicht** kommunizieren.

Die Kommunikation gliedert sich in drei Hauptkategorien:

- verbale,
- vokale und
- nonverbale Kommunikation.

Die Studie von Albert Mehrabian verdeutlicht dies durch die 7-38-55-Regel wie folgt:

**Verbale Kommunikation (7%)**

Dies bezieht sich auf die Worte, die wir verwenden. Laut Mehrabian tragen diese Worte nur etwa 7% zur Gesamtwirkung einer Botschaft bei. Dies bedeutet, dass die eigentlichen Worte, die wir wählen, zwar wichtig sind, aber allein nicht ausreichen, um die vollständige emotionale Wirkung einer Botschaft zu vermitteln.

### Vokale Kommunikation (38%)

Hierbei geht es um den Klang, die Tonhöhe und die Betonung der Stimme. Vokale Kommunikation macht etwa 38% der Wirkung einer Botschaft aus. Die Art und Weise, wie wir etwas sagen, hat daher einen großen Einfluss auf die emotionale Wahrnehmung unserer Botschaft.

### Nonverbale Kommunikation (55%)

Diese Kategorie umfasst Körpersprache, Gesichtsausdruck, Gestik und Haltung. Nonverbale Signale tragen mit 55% am meisten zur Gesamtwirkung einer Botschaft bei. Dies zeigt, dass unsere Körpersprache und unser Ausdruck den größten Teil der emotionalen Übermittlung einer Botschaft ausmachen.

Eine wichtige Erkenntnis aus dieser Studie ist, dass bedeutende emotionale Gespräche, die potenziell konfliktbeladen sind, nicht telefonisch oder über Videokonferenzen geführt werden sollten. Solche Gespräche sollten persönlich stattfinden, um Missverständnisse zu vermeiden und Probleme direkt im Gespräch zu klären. Schließlich wird mehr als die Hälfte der Botschaft – nämlich 55% – durch unsere Körpersprache und Ausdrucksweise vermittelt.

Emotionen sind ständige Begleiter in unserem Leben und beeinflussen unsere Entscheidungen und Interaktionen maßgeblich. Sie können nicht einfach ausgeschaltet werden. Sie sind feinfühlig und verletzlich. Wenn das emotionale Gleichgewicht einmal gestört ist, kann es erheblichen Zeitaufwand kosten, das verlorene Vertrauen wiederherzustellen.

Vertrauen ist jedoch eine fundamentale Grundlage für die erfolgreiche Lösung von Konflikten.

Daher lautet meine Kernbotschaft an dich: Wähle authentische und wirkungsvolle Worte, die zu deinem inneren Ich passen. Deine verbalen Äußerungen, also die Worte, die du aussprichst, müssen mit deinen inneren Gefühlen und Überzeugungen übereinstimmen, damit du sie authentisch und überzeugend zum Ausdruck bringen kannst. Nonverbale und vokale Kommunikation sind oft Indikatoren dafür, ob deine Worte ernst gemeint sind oder nur leere Floskeln darstellen. Wenn du nicht authentisch bist, wirst du das Vertrauen deines Gegenübers verlieren, und es wird schwierig sein, Konflikte zu lösen.

## „Ich-Botschaften" zur Konfliktlösung

Eine besonders wirkungsvolle Technik zur Konfliktlösung in der Kommunikation sind die sogenannten *„Ich-Botschaften"*. Diese Methode hilft, Missverständnisse und Eskalationen zu vermeiden, indem sie den Fokus auf die eigenen Gefühle und Bedürfnisse legt, anstatt Vorwürfe zu machen oder andere direkt zu beschuldigen.

Anstelle von Vorwürfen wie *„Du machst immer..."* oder *„Du hörst mir nie zu..."*, formulierst du deine Aussagen in der ersten Person, indem du deine eigenen Empfindungen und Bedürfnisse ausdrückst. Eine typische *„Ich-Botschaft"* könnte folgendermaßen lauten:

*„Ich fühle mich nicht wohl dabei, wenn wir die Deadline nicht einhalten, weil ich Sorge habe, dass wir dadurch unseren Kundenbeziehung gefährden."*

Durch diese Formulierung vermeidest du direkte Angriffe auf dein Gegenüber und lenkst den Fokus auf deine eigenen Gefühle und die Auswirkungen der Situation auf dich. Dies reduziert nicht nur das Risiko von Abwehrhaltungen, sondern fördert auch eine offenere und respektvollere Kommunikation.

Weitere Vorteile der „Ich-Botschaften":

- **Vermeidung von Schuldzuweisungen**: *„Ich-Botschaften"* konzentrieren sich auf das eigene Erleben und die persönlichen Bedürfnisse, statt den anderen zu beschuldigen. Das reduziert die Wahrscheinlichkeit, dass sich der Gesprächspartner angegriffen fühlt und in eine defensive Haltung geht.

- **Förderung der Empathie**: Indem du deine eigenen Gefühle ausdrückst, gibst du deinem Gesprächspartner Einblick in deine Perspektive. Dies kann das Verständnis und die Empathie für deine Position erhöhen und die Bereitschaft zur Zusammenarbeit fördern.

- **Klarheit und Konstruktivität**: *„Ich-Botschaften"* lenken die Diskussion auf konkrete Probleme und mögliche Lösungen, statt in allgemeinen Vorwürfen oder emotionalen Reaktionen zu versinken. Das ermöglicht eine zielgerichtete und konstruktive Auseinandersetzung mit den Konflikten.

- **Stärkung der Beziehung**: Durch die offene und ehrliche Kommunikation deiner Bedürfnisse und Gefühle kann eine vertrauensvolle und respektvolle Beziehung aufgebaut oder gestärkt werden. Dies ist besonders wichtig in langfristigen oder teamorientierten Beziehungen.

Hier sind einige Beispiele, die dir wahrscheinlich bekannt vorkommen werden und bei denen du diese Technik einfach anwenden kannst.

**Situation:** Ein Kollege kommt regelmäßig zu spät zu Besprechungen. Deine **„Ich-Botschaft":** *„Ich fühle mich nicht ernstgenommen, wenn wir unsere Besprechungen nicht pünktlich beginnen. Ich habe das Gefühl, dass wir dadurch wertvolle Zeit verlieren, die wir für unsere Projekte nutzen könnten."*

**Situation:** Jemand übernimmt Aufgaben nicht wie vereinbart. Deine **„Ich-Botschaft":** *„Ich bin besorgt, weil ich auf deine Unterstützung angewiesen bin, um den Termin einzuhalten. Wenn ich deine Hilfe nicht bekomme, habe ich Schwierigkeiten, alles rechtzeitig fertigzustellen."*

**Situation:** Ein Mitarbeiter unterbricht dich häufig während Besprechungen. Deine **„Ich-Botschaft":** *„Es frustriert mich, wenn ich während der Besprechungen unterbrochen werde, weil ich dann meine Gedanken nicht vollständig äußern kann. Ich würde es sehr schätzen, wenn ich meine Punkte ohne Unterbrechungen zu Ende bringen dürfte."*

Um *„Ich-Botschaften"* effektiv zu nutzen, ist es wichtig, einige Grundsätze zu beachten. Zunächst sollte man konkret und spezifisch sein: Formuliere deine *„Ich-Botschaften"* klar, damit der Gesprächspartner genau versteht, was dich betrifft und wie die Situation dich beeinflusst. Es ist ebenso wichtig, bei deinen eigenen Gefühlen und Bedürfnissen zu bleiben.

Vermeide Annahmen über die Motive des anderen und konzentriere dich darauf, wie du dich fühlst und was du benötigst.

## Offene Fragen für tiefere Einblicke

Offene Fragen sind ein weiteres wirkungsvolles Werkzeug, das in deiner Werkzeugkiste als Führungskraft nicht fehlen sollte, um ein tieferes Verständnis für die Perspektive des anderen zu gewinnen und die zugrunde liegenden Ursachen eines Konflikts im Kern zu erfassen.

Im Gegensatz zu geschlossenen Fragen, die oft nur einfache „Ja"- oder „Nein"-Antworten zulassen, ermöglichen offene Fragen ausführliche Antworten. Sie regen dazu an, Gedanken, Gefühle und Perspektiven ausführlicher zu erklären. Während geschlossene Fragen die Kommunikation auf knappe Informationen beschränken, schaffen offene Fragen Raum für tiefere Gespräche. Dadurch erhältst du wertvolle Einblicke in die Sichtweise deines Gesprächspartners und kannst komplexe Themen besser verstehen und bearbeiten. Mit offenen Fragen kannst du herausfinden, wie jemand eine bestimmte Situation erlebt hat, welche Bedürfnisse und Bedenken bestehen oder welche Vorschläge und Ideen jemand hat.

Offene Fragen beginnen oft mit:

- *„Wie"*
- *„Was"*
- oder *„Warum"*

und fordern den Gesprächspartner auf, seine Erfahrungen, Meinungen und Emotionen eingehender zu schildern.

Beispiele wie: *"Wie hast du diese Situation erlebt?"* oder *"Was denkst du über diese Lösung?"* ermöglichen es dem anderen, seine Sichtweise umfassend darzulegen. Diese Art von Fragen fördert nicht nur ein tieferes Verständnis für die Perspektive des Gesprächspartners, sondern hilft auch dabei, verborgene Ursachen und Bedenken zu erkennen. Nehmen wir an, es gibt einen Konflikt innerhalb eines Teams über die Aufgabenverteilung. Anstatt nur zu fragen:

*"Findest du die Aufgabenverteilung fair?"*,

könntest du eine offenere Frage stellen wie z.B.:

*"Wie siehst du die aktuelle Verteilung der Aufgaben? Gibt es bestimmte Aufgaben, die dir schwerfallen oder die du als ungerecht empfindest?"*

Solche Fragen eröffnen Raum für eine Diskussion, ermöglichen es dem Mitarbeiter, spezifische Bedenken oder Probleme anzusprechen, und schaffen die Grundlage für eine konstruktive Lösungsfindung.

Durch offene Fragen wird der Gesprächspartner ermutigt, tiefergehende Gedanken und Gefühle zu teilen, die möglicherweise nicht sofort offensichtlich sind. Die Antworten auf offene Fragen bieten wertvolle Einblicke in die Motivationen und Überzeugungen des anderen, die für die Lösung von Konflikten und die Verbesserung der Zusammenarbeit entscheidend sein können.

## Empathie und aktives Zuhören

Empathie ist eine wichtige Eigenschaft, um die Gefühle und Perspektiven des anderen zu erkennen und ernst zu nehmen. Indem du dich in die Lage des anderen versetzt und seine Sorgen und Herausforderungen anerkennst, baust du emotionale Brücken auf. Ein Beispiel wäre: *„Ich verstehe, dass diese Veränderung für dich eine große Herausforderung darstellt."*

Solche Worte zeigen, dass du die Bedenken und Gefühle des anderen ernst nimmst. Diese Form der Anerkennung kann dazu beitragen, dass sich dein Gesprächspartner gehört und respektiert fühlt. Indem du empathisch reagierst, signalisierst du, dass du nicht nur auf der inhaltlichen Ebene, sondern auch auf der emotionalen Ebene kommunizierst.

Empathie bedeutet auch, dass du aktiv versuchst, die Sichtweise des anderen nachzuvollziehen, selbst wenn du nicht unbedingt dieselbe Erfahrung gemacht hast.

Aktives Zuhören ist ein unverzichtbarer Bestandteil empathischer Kommunikation und bildet die Grundlage für tiefere zwischenmenschliche Verbindungen. Es bedeutet, sich voll und ganz auf das Gesagte zu konzentrieren und nicht sofort eine Antwort oder Lösung zu formulieren. Diese Form des Zuhörens erfordert Geduld und Aufmerksamkeit, da sie darauf abzielt, ein tiefes Verständnis für die Gedanken und Gefühle des Gesprächspartners zu entwickeln.

Im Gegensatz zum aktiven Zuhören steht das *„Zuhören, um zu antworten"*, das dir sicherlich bekannt vorkommen wird. Bei diesem Ansatz konzentrierst du dich darauf, bereits während des Gesprächs eine Antwort oder Lösung zu formulieren. Dieser Ansatz hat jedoch mehrere Nachteile:

Erstens neigst du dazu, nur die Teile der Botschaft aufzunehmen, die für deine Antwort relevant erscheinen. Dies kann dazu führen, dass wichtige Details und emotionale Nuancen übersehen werden, was zu einem oberflächlichen Verständnis der Situation führt.

Zweitens kann das ständige Überlegen, wie du reagieren sollst, dazu führen, dass du die emotionale Tiefe des Gesprächs vernachlässigst. In der Folge verstehst du möglicherweise nicht vollständig, wie sich der andere fühlt oder was er tatsächlich benötigt.

Drittens besteht die Gefahr, dass die Empathie in der Kommunikation leidet. Wenn dein Fokus auf der Antwort liegt, wird das Gespräch oft weniger einfühlsam. Dein Gesprächspartner könnte sich dadurch nicht gehört oder wertgeschätzt fühlen, was die Beziehung belasten kann.

## Die gewaltfreie Kommunikation

Um das positive Potenzial von Konflikten voll auszuschöpfen, ist es hilfreich, wissenschaftlich fundierte Methoden anzuwenden. Wie in den vorhergehenden Kapiteln beschrieben, fördert das bewusste Einnehmen der Perspektive des Gegenübers das Verständnis und kann Konflikte entschärfen. Durch aktives Zuhören und das Stellen offener Fragen erhältst du tiefere Einblicke in die Sichtweise des anderen und kannst Empathie zeigen.

Ein weiteres wertvolles Werkzeug in diesem Zusammenhang ist die *„gewaltfreie Kommunikation"* (GFK), die von Marshall Rosenberg entwickelt wurde. Diese Methode basiert darauf, durch eine bewusste und einfühlsame Wortwahl Missverständnisse zu vermeiden und die Zusammenarbeit zu stärken. Indem du sichere Räume schaffst, in denen Mitarbeiter ihre Meinung ohne Angst äußern können, und ihnen auf respektvoller Augenhöhe begegnest, förderst du eine offene und konstruktive Kommunikationskultur.

Das Beste, was dir als Führungskraft passieren kann, ist, dass deine Mitarbeiter beginnen, sich zu öffnen und ihre Wahrnehmungen sowie Emotionen ehrlich zu teilen. Dies stärkt nicht nur das Vertrauen, sondern trägt auch zur erfolgreichen Lösung von Konflikten bei.

Um die Kommunikation in deinem beruflichen Umfeld zu verbessern und Konflikte effektiv zu vermeiden, ist es entscheidend, sich der häufigsten Kommunikationsfehler bewusst zu werden und diese gezielt zu vermeiden.

Hier sind einige negative Beispiele, die dir als Führungskraft helfen können, typische Stolpersteine zu erkennen und aus dem Weg zu räumen:

## *„Das ist nicht optimal."*

- **Missverständnis:** Diese Aussage könnte als allgemeine Kritik oder als spezifische Ablehnung interpretiert werden. Es ist unklar, ob die Sache nur verbessert werden soll oder ob sie völlig inakzeptabel ist.

- **Potenzial für Konflikte:** Der Empfänger könnte sich angegriffen fühlen oder nicht wissen, wie er die Situation verbessern soll, was zu Frustration oder Missverständnissen führen kann.

## *„Wir sollten das noch besprechen."*

- **Missverständnis:** Dieser Satz kann als Einladung zu weiterem Dialog oder als Hinweis auf ein ungelöstes Problem verstanden werden. Es ist unklar, wie dringlich oder wichtig das Thema ist.

- **Potenzial für Konflikte:** Der Empfänger könnte sich unsicher fühlen, ob die Diskussion sofort oder später stattfinden soll, und könnte sich übergangen oder nicht ernst genommen fühlen.

## *„Das war nicht die beste Wahl."*

- **Missverständnis:** Der Satz kann auf eine Entscheidung oder eine Auswahl bezogen sein. Unklar bleibt, ob die Wahl nur suboptimal war oder ob sie völlig falsch war.

- **Potenzial für Konflikte:** Die betroffene Person könnte das Gefühl haben, dass ihre Entscheidung nicht anerkannt wird oder dass sie einen Fehler gemacht hat, was zu einem defensiven oder angespannten Gespräch führen kann.

## *„Das hätte besser laufen können."*

- **Missverständnis:** Diese Formulierung lässt offen, was genau schiefgelaufen ist und wie es besser hätte sein können. Der Satz ist vage in Bezug auf die Ursache und die Lösung des Problems.

- **Potenzial für Konflikte:** Der Empfänger könnte sich überfordert oder verärgert fühlen, weil die Kritik nicht konkret genug ist, um eine gezielte Verbesserung zu ermöglichen.

## *„Ich bin nicht ganz zufrieden."*

- **Missverständnis:** Diese Aussage kann auf unterschiedliche Grade der Unzufriedenheit hinweisen und ist nicht spezifisch genug, um klar zu verstehen, was fehlt.

- **Potenzial für Konflikte:** Der Empfänger könnte sich unsicher darüber fühlen, welche Aspekte der Situation verbessert werden müssen, was zu Frustration und Missverständnissen führen kann.

## *„Vielleicht könnten wir das ändern."*

- **Missverständnis:** Der Vorschlag zur Änderung kann als Empfehlung oder als notwendige Anweisung verstanden werden, ohne dass der genaue Umfang oder die Dringlichkeit klar ist.

- **Potenzial für Konflikte:** Der Empfänger könnte sich unsicher über die Notwendigkeit der Änderung fühlen und könnte sich fragen, ob die Änderung optional oder zwingend erforderlich ist.

Hast du dich in dem ein oder anderen Beispiel wiedererkannt? Oder erkennst du Mitarbeiter oder Kollegen in deinem Umfeld, bei denen du denkst: *„Ja, das habe ich schon erlebt"* oder *„Das kommt mir bekannt vor"*?

Wenn ja, nutze diese Erkenntnisse als Ausgangspunkt für eine Veränderung. Vermeide es, diese Kommunikationsfehler weiter zu reproduzieren. Setze stattdessen neue Standards und entwickle dich zu einem Vorbild und einer starken Führungskraft. Dein Ziel sollte es sein, durch bewusstes und respektvolles Kommunizieren ein positives Arbeitsumfeld zu schaffen, in dem Missverständnisse minimiert und Konflikte konstruktiv gelöst werden.

## Klare Worte, weniger Konflikte

Nachdem wir uns nun mit negativen Fallbeispielen auseinandergesetzt haben, möchte ich dir einige bewährte Tipps geben, um gewaltfrei zu kommunizieren und so das Risiko von Konflikten zu minimieren.

Denk daran, dass du nicht in die Köpfe deiner Mitarbeiter oder Kollegen blicken kannst. Was für dich wie ein klarer, prägnanter Satz erscheinen mag, kann für dein Gegenüber völlig anders interpretiert werden. Jeder Mensch hat unterschiedliche Vorstellungen und Emotionen, und ein Satz, der dir möglicherweise harmlos erscheint, kann bei anderen Missverständnisse, Sorgen oder sogar schlaflose Nächte auslösen.

Für dich als Führungskraft ist es daher unerlässlich, sich dieser Tatsache bewusst zu sein und Maßnahmen zu ergreifen, um Missverständnisse zu vermeiden.

Hier sind einige praktische Tipps, die dir dabei helfen können:

- ✓ **Sei konkret und präzise:** Vermeide vage Formulierungen und sei klar in deinen Aussagen. Statt *„Das ist nicht optimal"* sage *„Diese Lösung hat die folgenden Schwächen, und wir sollten überlegen, wie wir diese verbessern können."*

- ✓ **Gib konkretes Feedback:** Wenn du eine Bewertung oder Kritik abgibst, benenne spezifische Aspekte, die verbessert werden sollten. Statt *„Das war nicht die beste Wahl"* sage *„Die Entscheidung hat nicht die gewünschten Ergebnisse erzielt, da..."*

- ✓ **Vermeide Mehrdeutigkeiten:** Stelle sicher, dass deine Aussagen eindeutig und unverfänglich sind. Anstatt *„Vielleicht sollten wir das anders angehen"* sage *„Lass uns gemeinsam überlegen, wie wir diesen Ansatz ändern können, um bessere Ergebnisse zu erzielen."*

- ✓ **Hole Bestätigung ein:** Überprüfe, ob deine Nachricht richtig verstanden wurde, indem du nachfragst oder zusammenfasst, was du gesagt hast. Das verhindert Missverständnisse und sorgt für Klarheit.

- ✓ **Zeige Empathie:** Achte auf die emotionalen Reaktionen deines Gegenübers und passe deine Kommunikation entsprechend an. Eine respektvolle und einfühlsame Sprache kann helfen, Missverständnisse zu vermeiden und Konflikte zu minimieren.

## Das richtige Timing für Konfliktgespräche

Das Timing für Konfliktgespräche spielt eine wichtige Rolle. Ein gut gewählter Zeitpunkt kann maßgeblich dazu beitragen, dass das Gespräch konstruktiv verläuft und zu einer positiven Lösung führt.

Es ist ratsam, Konflikte frühzeitig anzusprechen, bevor sie sich zu größeren Problemen entwickeln. Unbehandelte Konflikte neigen dazu, sich im Laufe der Zeit zu verschärfen, was die Situation komplizierter und die Lösung schwieriger macht. Indem du Probleme zeitnah ansprichst, zeigst du deine Bereitschaft zur Problemlösung und verhinderst, dass sich Missverständnisse oder Spannungen weiter aufbauen.

Wähle einen Zeitpunkt, an dem alle Beteiligten emotional ruhig und in der Lage sind, sachlich zu diskutieren. Stressige Situationen oder emotionale Ausbrüche können das Gespräch negativ beeinflussen und verhindern, dass Lösungen gefunden werden. Hier sind einige Aspekte, die du bei der Wahl des Zeitpunkts beachten solltest:

### Ruhe und Gelassenheit

Stelle sicher, dass alle Beteiligten nach stressigen Zeiten, wie einer intensiven Projektphase oder einem hektischen Arbeitstag, eine Phase der Erholung hatten. Das gibt allen die Möglichkeit, mit einer klaren und ruhigen Denkweise an das Gespräch heranzugehen.

### Verfügbarkeit von Zeit

Wähle einen Zeitpunkt, an dem alle Beteiligten genügend Zeit haben, um die Angelegenheit ausführlich zu besprechen. Ein hastiges Gespräch oder ein Gespräch während eines engen Zeitplans kann dazu führen, dass wichtige Punkte übersehen oder nicht ausreichend diskutiert werden.

Eine gründliche Vorbereitung bildet das Fundament für ein konstruktives Konfliktgespräch. Hier sind einige Schritte, die dir helfen können, dich optimal vorzubereiten:

1. **Relevante Fakten sammeln:** Bereite alle relevanten Informationen und Fakten vor, die im Gespräch benötigt werden. Dies umfasst die konkrete Beschreibung des Konflikts, bisherige Kommunikation und mögliche Auswirkungen des Konflikts auf das Team oder das Projekt.

2. **Konstruktive Diskussion planen:** Überlege dir im Voraus, wie du das Gespräch konstruktiv führen kannst. Formuliere deine Anliegen klar und überlege, wie du auf mögliche Reaktionen eingehen wirst. Denke auch an mögliche Lösungsvorschläge und wie diese überzeugend präsentiert werden können.

3. **Ziele des Gesprächs definieren:** Kläre, was du mit dem Gespräch erreichen möchtest. Das kann die Klärung eines Missverständnisses, die Einigung auf bestimmte Maßnahmen oder die Wiederherstellung von Vertrauen sein. Ein klares Ziel hilft, das Gespräch auf Kurs zu halten.

## Die Psychologie des Konflikts

Um Konflikte erfolgreich zu lösen, ist es wichtig, die psychologischen Gründe zu verstehen, die dahinterstecken. Konflikte entstehen selten einfach so, sondern sind oft das Ergebnis komplexer psychologischer Prozesse. Verschiedene Studien und Theorien bieten uns Einblicke, wie wir Konflikte besser verstehen und angehen können.

Ein zentraler Punkt ist, dass jeder Mensch seine eigenen Werte, Überzeugungen und Bedürfnisse in eine Situation einbringt. Diese Unterschiede können leicht zu Missverständnissen führen, weil jeder die Situation durch seine eigene Perspektive sieht. Maslows Bedürfnispyramide (1943) zeigt, dass Menschen grundlegende Bedürfnisse wie Sicherheit, soziale Zugehörigkeit und Selbstverwirklichung haben. Konflikte treten häufig auf, wenn diese Bedürfnisse entweder nicht erfüllt werden oder im Widerspruch zueinander stehen.

Eine Studie von Eisenberger (2004) zeigt, dass das Gefühl, ausgeschlossen zu werden, das emotionale Wohlbefinden beeinträchtigt und zu aggressiven Reaktionen führen kann.

Wenn Menschen das Gefühl haben, dass ihre Bedürfnisse nicht beachtet werden, kann das zu Konflikten führen.

Zusätzlich neigen Menschen dazu, ihre eigenen Werte und Überzeugungen als Maßstab für die Bewertung von Situationen zu nutzen. Konflikte können entstehen, wenn diese Werte durch die Handlungen oder Aussagen anderer bedroht werden. Higgins' Theorie der Selbst-Diskrepanzen (1987) erklärt, dass Diskrepanzen zwischen dem aktuellen Selbst und dem idealen Selbst Unzufriedenheit und Konflikte verursachen können. Wenn Menschen das Gefühl haben, dass ihre Werte oder Identität in Frage gestellt werden, reagieren sie oft mit Widerstand oder Konfliktverhalten.

Emotionale Zustände wie Stress, Frustration und Wut können die Wahrnehmung und Interpretation von Ereignissen stark beeinflussen. Richard Lazarus' Forschung zur Stressbewältigung zeigt, dass emotionale Reaktionen oft auf eine wahrgenommene Bedrohung zurückzuführen sind. Stress kann die Fähigkeit beeinträchtigen, rationale Entscheidungen zu treffen und dazu führen, dass Konflikte intensiver und schwieriger zu lösen sind.

Da das Thema Stress sehr umfassend ist, habe ich ihm ein eigenes Kapitel gewidmet. Du findest es unter dem Titel *„Stressfrei führen mit Resilienz".*

Ein weiteres Problem kann ein verletztes Ego oder mangelndes Vertrauen sein. Laut der Selbstwerttheorie von Baumeister (2003) kann ein geringes Selbstwertgefühl dazu führen, dass Menschen besonders empfindlich auf Kritik reagieren und defensiv werden. Wenn das Ego eines Beteiligten verletzt wird, ist die Wahrscheinlichkeit hoch, dass der Konflikt eskaliert. John Gottman's Forschung (1994) zeigt, dass mangelndes Vertrauen und häufige Kritik Beziehungen belasten und Konflikte verschärfen können.

**Fazit:** Menschen handeln aus bestimmten Motiven heraus. Der Begriff *„Motiv"* leitet sich vom lateinischen *„motive"* ab, was *„Beweggrund'* oder *„Grund"* bedeutet. Im Gegensatz zur weit verbreiteten Annahme ist *„Motiv"* nicht von *„Motivation"* abgeleitet. Letzteres beschreibt nämlich den Prozess oder die Art und Weise, wie ein Motiv oder Beweggrund in Handlungen umgesetzt wird.

Wenn es dir als Führungskraft gelingt, das wahre Motiv hinter den Handlungen deiner Mitarbeiter zu verstehen, sei es persönliche Überzeugung, berufliche Ambitionen oder emotionale Bedürfnisse, wird es dir auch gelingen solche Konflikte erfolgreich zu lösen.

Es ist die Kraft der Motive, die Menschen dazu bewegen Konflikte zu entfachen.

## Die Kunst der Deeskalation

Vielleicht bist du bis zu diesem Punkt voller Erwartungen vorgedrungen und findest die bisher vorgestellten Methoden, Strategien und Techniken nachvollziehbar und hilfreich. Wenn du jedoch nach einem Ansatz suchst, der dir bei besonders hartnäckigen und eskalierten Konflikten weiterhilft, insbesondere wenn keine grundlegende Beziehungsebene mehr vorhanden ist, dann ist dieser Leitfaden genau das, was du brauchst.

In solchen herausfordernden und schwierigen Konflikten ist es von großer Bedeutung, die drei Säulen der Resilienz aus dem Kapitel *„Resilienz - Stark wie ein Schild"* in Einklang zu bringen.

1. **Mentale Resilienz**
2. **Emotionale Resilienz**
3. **Physische Resilienz**

Wenn Konflikte bereits eskaliert sind, ist es wichtig, die drei Säulen der Resilienz zu berücksichtigen, um eine nachhaltige Lösung zu finden. Dazu gehört, dass du mental stark und entschlossen bleibst, emotionale Distanz wahrst und dich von persönlichen Gefühlen nicht leiten lässt. Ebenso solltest du eine objektive Perspektive einnehmen, rationale Entscheidungen treffen und körperlich gesund sowie energisch sein. Diese Aspekte sind wichtiger, als die meisten von uns glauben. Besonders wenn diese drei Säulen im Einklang stehen, können sie den entscheidenden Unterschied machen, um einen eskalierten Konflikt zu deeskalieren.

Beachte, dass in solchen Situationen oft ein Kompromiss gefunden werden muss, der dem Wohl des Ganzen dient, insbesondere dem übergeordneten Ziel des Unternehmens, das für den nachhaltigen Erfolg von zentraler Bedeutung ist. Es kann notwendig sein, persönliche Interessen zurückzustellen, um eine diplomatische und ausgewogene Lösung zu erreichen. Dabei kann es auch hilfreich sein, eine neutrale dritte Partei einzubeziehen, die objektiv auf die Situation schaut und unterstützt, eine Lösung zu finden, die im besten Interesse des Unternehmens liegt.

Dieser Leitfaden, dessen Akronym sich aus dem Wort „**K.O.N.F.L.I.K.T.**" bildet, hilft dir, systematisch mit komplexen Konflikten umzugehen und Lösungen zu finden:

1. **K**larheit über die Konfliktursache schaffen
2. **O**rientierung durch verbindliche Vereinbarungen
3. **N**eue Lösungsansätze entwickeln
4. **F**estlegung der Verantwortlichkeiten
5. **L**aufendes Follow-up und Feedback geben
6. **I**nformationen durch Dokumentation
7. **K**ommunikation transparent aufrechterhalten
8. **T**aktiken zur Vermeidung ähnlicher Probleme entwickeln

Um diesem Leitfaden etwas mehr Leben einzuhauchen, möchte ich dir ein konkretes Beispiel präsentieren:

In einer renommierten Hotelkette, die Luxushotels in Europa entwickelt und verwaltet, stehen zwei leitende Führungskräfte, Herr Schmidt und Frau Weber, vor einem Konflikt. Es geht um die Verwendung eines großen Budgets für Investitionen in einem ihrer Flaggschiff-Hotels.

Herr Schmidt, Leiter der Abteilung für Freizeit- und Wellnessangebote, plädiert dafür, einen Großteil des Budgets in die Erweiterung und Modernisierung des Wellnessbereichs zu investieren. Sein Plan umfasst den Ausbau des bestehenden Spa um eine hochmoderne Sauna, ein Dampfbad, ein luxuriöses Wellness-Restaurant und zusätzliche Wellness-Behandlungen wie Massagen und Schönheitsanwendungen. Er argumentiert, dass eine solche Investition das Hotel zu einem attraktiven Ziel für Gesundheits- und Wellnessreisende macht, wodurch das Hotel seine Marktposition im zunehmend wettbewerbsintensiven Segment des Wellness-Tourismus verbessern kann.

Frau Weber, Leiterin der Gästezimmerabteilung, ist der Ansicht, dass das Budget vorrangig in eine umfassende Renovierung der Gästezimmer investiert werden sollte. Sie betont, dass die Zimmer die erste und häufigste Erfahrung der Gäste im Hotel darstellen. Eine Modernisierung der Zimmer würde den Gästen nicht nur mehr Komfort und moderne Annehmlichkeiten bieten, sondern auch die Gästebewertungen verbessern und die Kundenzufriedenheit erhöhen.

Frau Weber ist überzeugt, dass ein komfortables und stilvolles Zimmererlebnis die Gästebindung stärkt und langfristig zu einer höheren Rentabilität des Hotels führt.

Der Konflikt eskaliert, als Herr Schmidt und Frau Weber ihre jeweiligen Investitionsforderungen in den Vorstandssitzungen und bei internen Team-Meetings vehement vertreten und sich gegenseitig die Priorität ihrer Vorschläge abstreiten. Herr Schmidt wirft Frau Weber vor, die zunehmende Bedeutung von Wellnessangeboten zu unterschätzen. Im Gegenzug kritisiert Frau Weber Herrn Schmidt, weil er die grundlegenden Bedürfnisse und Erwartungen der Gäste ignoriert, die durch komfortable und gut ausgestattete Zimmer erfüllt werden müssen.

Diese Spannungen belasten die Zusammenarbeit im Hotelmanagement und gefährden das gesamte Projekt. Es besteht das Risiko, dass keine der geplanten Investitionen vollständig umgesetzt wird, was die Wettbewerbsfähigkeit des Hotels beeinträchtigen könnte.

1. **Klarheit über die Konfliktursache schaffen**

   *Ziel:* Verstehen, was die Kernursache des Konflikts ist, um gezielt daran arbeiten zu können.

   *Beispiel:* Herr Schmidt und Frau Weber sind sich über die Verwendung des Budgets uneinig. Herr Schmidt will in den Wellnessbereich investieren, während Frau Weber eine Renovierung der Gästezimmer bevorzugt.

Um Klarheit zu schaffen, solltest du ein ausführliches Gespräch mit beiden Führungskräften führen.

*Maßnahme:* Gespräch einberufen: Vereinbare ein Treffen mit beiden Parteien, um ihre Sichtweisen vollständig zu hören. Ergründe, warum jede Partei ihre Vorschläge für wichtiger hält. Frage nach den langfristigen Zielen, den erwarteten Vorteilen und den Risiken. Notiere die Hauptpunkte der Argumente beider Seiten, um die Unterschiede und Gemeinsamkeiten klar zu erkennen.

## 2. Orientierung durch verbindliche Vereinbarungen

*Ziel:* Vereinbare klare Rahmenbedingungen, um sicherzustellen, dass alle Beteiligten dieselbe Richtung verfolgen.

*Beispiel:* Nachdem du die Kernursachen des Konflikts erfasst hast, gilt es, eine Vereinbarung zu treffen. Diese sollte beinhalten, welche Punkte priorisiert werden und wie das Budget verteilt wird.

*Maßnahme:* Erarbeite einen Kompromissvorschlag, der beide Interessen berücksichtigt. Dies könnte beispielsweise eine schrittweise Investition sein, bei der ein Teil des Budgets sofort für die Renovierung der Zimmer und ein anderer Teil später für die Wellnessangebote verwendet wird. Halte die getroffenen Vereinbarungen schriftlich fest, um Missverständnisse zu vermeiden.

Lass die Vereinbarung von beiden Parteien bestätigen, um sicherzustellen, dass alle damit einverstanden sind.

### 3. Neue Lösungsansätze entwickeln

*Ziel:* Alternative Lösungen finden, die möglicherweise beide Interessen berücksichtigen.

*Beispiel:* Neben dem Vorschlag, das Budget aufzuteilen, könnte es hilfreich sein, neue Ansätze zu entwickeln, die beide Vorschläge kombinieren.

*Maßnahme:* Organisiere eine Sitzung, bei der kreative Ideen zur Lösung des Konflikts gesammelt werden. Denke darüber nach, wie die Investitionen effizient kombiniert werden könnten. Bewerte die vorgeschlagenen Lösungen nach Machbarkeit und Nutzen für das Hotel. Präsentieren die besten Ideen beiden Parteien und erhalte deren Feedback, um sicherzustellen, dass die Lösungen für beide akzeptabel sind.

### 4. Festlegung der Verantwortlichkeiten

*Ziel:* Klare Zuweisung von Aufgaben, um sicherzustellen, dass die vereinbarten Lösungen umgesetzt werden.

*Beispiel:* Einmal eine Lösung gefunden, müssen die Verantwortlichkeiten festgelegt werden, damit jede Partei weiß, wer welche Aufgaben übernimmt.

*Maßnahme:* Bestimme, wer für die Umsetzung der einzelnen Teile des Projekts verantwortlich ist. Zum Beispiel könnte Herr Schmidt für die Planung der Wellnessangebote zuständig sein, während Frau Weber die Renovierung der Zimmer überwacht. Setze klare Zeitvorgaben für die Durchführung der Aufgaben, um sicherzustellen, dass alle Schritte pünktlich abgeschlossen werden. Stelle sicher, dass die notwendigen Ressourcen und Unterstützung bereitgestellt werden, um die Aufgaben erfolgreich zu erledigen.

5. **Laufendes Follow-up und Feedback geben**

*Ziel:* Regelmäßige Überprüfung des Fortschritts, um sicherzustellen, dass die Lösungen wie geplant umgesetzt werden.

*Beispiel:* Um den Fortschritt zu überwachen und mögliche Probleme frühzeitig zu erkennen, sind regelmäßige Status-Meetings notwendig.

*Maßnahme:* Vereinbare regelmäßige Meetings mit den beteiligten Parteien, um den Fortschritt zu überprüfen. Hole Feedback zu den Fortschritten und eventuellen Herausforderungen ein. Falls nötig, passe die Pläne basierend auf dem Feedback und den Fortschritten an.

## 6. Informationen durch Dokumentation

*Ziel:* Alle wichtigen Informationen schriftlich festhalten, um Transparenz zu gewährleisten und spätere Missverständnisse zu vermeiden.

*Beispiel:* Dokumentiere alle getroffenen Vereinbarungen, Fortschritte und Änderungen.

*Maßnahme:* Halte die Ergebnisse der Meetings und die getroffenen Entscheidungen schriftlich fest. Stelle sicher, dass alle relevanten Dokumente an einem zentralen Ort gespeichert werden, der für alle Beteiligten zugänglich ist.

## 7. Kommunikation transparent aufrechterhalten

*Ziel:* Offen und ehrlich kommunizieren, um Vertrauen zu schaffen und Missverständnisse zu vermeiden.

*Beispiel:* Halte alle Parteien über den Status der Umsetzung und etwaige Änderungen informiert.

*Maßnahme:* Informiere alle Beteiligten regelmäßig über den Fortschritt und alle relevanten Entwicklungen. Ermutige zu offener Kommunikation und sorge dafür, dass alle Fragen und Bedenken zeitnah geklärt werden. Vermeide versteckte Informationen und halte alle Beteiligten in alle wichtigen Entscheidungen einbezogen.

## 8. Taktiken zur Vermeidung ähnlicher Probleme entwickeln

*Ziel:* Präventive Maßnahmen entwickeln, um zukünftige Konflikte zu vermeiden.

*Beispiel:* Analysiere, was zu dem aktuellen Konflikt geführt hat, und entwickle Strategien, um ähnliche Probleme in der Zukunft zu verhindern.

*Maßnahme:* Untersuche die Ursachen des aktuellen Konflikts, um zu verstehen, wie er vermieden werden konnte. Entwickle neue Richtlinien oder Verfahren, die helfen, Konflikte frühzeitig zu erkennen und zu lösen. Führe Schulungen für Mitarbeiter und Führungskräfte durch, um den Umgang mit Konflikten zu verbessern und die Kommunikationsfähigkeiten zu stärken.

Konflikte gehören zum Alltag, sowohl im Beruf als auch im Privatleben. Doch wie wir mit ihnen umgehen, bestimmt oft, wie sich die Situation entwickelt. Anstatt Konflikte zu meiden oder zu eskalieren, können wir sie als Chance sehen, Missverständnisse auszuräumen und unser Miteinander zu verbessern. Ein offenes Ohr, echtes Verständnis und respektvolle Kommunikation sind der Schlüssel, um Spannungen abzubauen und Lösungen zu finden. Es geht nicht darum, immer sofort eine Einigung zu erzielen, sondern vielmehr darum, ein Klima des Vertrauens und der Zusammenarbeit zu schaffen.

In manchen Fällen kann es jedoch notwendig werden, drastische Maßnahmen zu ergreifen, wenn diplomatische Lösungen nicht mehr ausreichen und Mitarbeiter ihre Aufgaben konsequent verweigern. Die Entscheidung, sich von solchen Mitarbeitern zu trennen, kann manchmal unvermeidlich sein. Dennoch ist es wichtig zu betonen, dass durch eine gezielte Mitarbeiterführung viele dieser Probleme im Vorfeld vermieden werden können.

Um eine erfolgreiche Mitarbeiterführung zu gewährleisten, ist es unerlässlich, Probleme frühzeitig zu erkennen und aktiv anzugehen. Führung bedeutet nicht nur, Aufgaben zu delegieren, sondern auch, die Entwicklung und das Wohlbefinden der Mitarbeiter zu fördern. Dabei geht es darum, Verantwortung zu übernehmen, Orientierung zu geben und den Mitarbeitern die nötigen Werkzeuge an die Hand zu geben, damit sie ihre Aufgaben erfolgreich bewältigen können.

Regelmäßige und gut strukturierte Feedbackgespräche spielen dabei eine zentrale Rolle. Sie helfen dabei, die Leistungen und das Verhalten der Mitarbeiter rechtzeitig zu besprechen, Missverständnisse auszuräumen und klare Erwartungen zu formulieren. Wichtig ist, dass Feedback immer konstruktiv und lösungsorientiert ist, um positive Veränderungen anzustoßen und das Vertrauen zwischen dir und deinen Mitarbeitern zu stärken.

Ein weiterer wichtiger Aspekt ist die Integration neuer Mitarbeiter. Durch eine gezielte Einarbeitung und ein herzliches Willkommen fühlen sich neue Teammitglieder schnell als

Teil des Unternehmens und können von Anfang an ihr volles Potenzial entfalten. Wenn du von Beginn an klare Ziele und Werte vermittelst und kontinuierliche Unterstützung bietest, schaffst du die Grundlage für eine langfristige Motivation und Zufriedenheit.

Durch diese Herangehensweise reduzierst du erheblich das Risiko schwerwiegender Konflikte.

In meinem ersten Buch habe ich umfassend dargelegt, wie man eine Führungskultur gestaltet, die Freiräume für eigenverantwortliches Arbeiten schafft und die Motivation der Mitarbeiter nachhaltig steigert. Außerdem beschreibe ich detailliert, wie man effektives Feedback gibt und gezielt die richtigen Mitarbeiter für sein Team gewinnt. Falls du dieses Buch noch nicht gelesen hast und daran interessiert bist, findest du es unter dem Titel *„Mitarbeiter erfolgreich führen – für mehr Arbeitsfreiheit und motivierte Mitarbeiter"* in vielen Buchhandlungen oder bequem über den hier dargestellten QR-Code bei Amazon.

*Die beste Art,
eine Auseinandersetzung zu gewinnen, ist,
sie zu vermeiden*

Zitat von Sunzi

# Stressfrei führen mit Resilienz

Führungskräfte stehen täglich unter enormem Druck. Sie müssen strategische Entscheidungen treffen, komplexe Probleme lösen und gleichzeitig das Wohlbefinden sowie die Motivation ihres Teams sicherstellen. Dieser Druck wird durch hohe Erwartungen, enge Zeitvorgaben und unvorhergesehene Herausforderungen oft noch verstärkt.

In ihrer Rolle müssen Führungskräfte oft mehrere Funktionen gleichzeitig ausfüllen. Einerseits fungieren sie als **Mentor**, der offene Kommunikationsräume schafft. Hierbei liegt der Fokus darauf, eine Vertrauenskultur zu etablieren, die es den Teammitgliedern ermöglicht, ihre Gedanken, Bedenken und Ideen frei zu äußern. Der Mentor fördert den Austausch von Wissen und Erfahrungen durch regelmäßige 1:1-Gespräche, Teammeetings und Feedback-Runden, um sicherzustellen, dass alle Stimmen gehört und unterstützt werden.

Gleichzeitig übernehmen Führungskräfte die Rolle des **Coaches**, der sich auf die Entfaltung der Mitarbeiterpotenziale konzentriert. In dieser Funktion identifiziert der Coach die Stärken und Entwicklungsbereiche jedes Teammitglieds und unterstützt diese durch gezielte Zielvereinbarungen und regelmäßiges Feedback. Individuelle Entwicklungspläne werden erstellt und umgesetzt, um das volle Potenzial der Mitarbeiter zu entfalten und sie in ihrer beruflichen Weiterentwicklung zu begleiten.

Zusätzlich agieren Führungskräfte als **Trainer**, der für die Verbesserung von Prozessen verantwortlich ist. Der Trainer analysiert bestehende Arbeitsabläufe, erkennt Ineffizienzen und implementiert Maßnahmen zur Prozessoptimierung. Durch das Organisieren und Leiten von Schulungen und Workshops stellt der Trainer sicher, dass die Teammitglieder die erforderlichen Fähigkeiten und Kenntnisse erwerben, um ihre Aufgaben effizient und effektiv zu erfüllen.

Schließlich erfüllen Führungskräfte auch die Rolle der **disziplinarischen Führungskraft**, die für die Durchführung von Kontrollen, Beurteilungen und die Lösung von Problemen verantwortlich ist. Diese Rolle umfasst die regelmäßige Überwachung der Teamleistung, die Sicherstellung der Einhaltung von Unternehmensrichtlinien und das Management von Konflikten oder Leistungsproblemen. Die disziplinarische Führungskraft ist dafür verantwortlich, Herausforderungen proaktiv zu identifizieren und konstruktive Lösungen zu finden, um die Teamleistung kontinuierlich zu verbessern.

Die ständige Notwendigkeit, sowohl die eigene Leistung als auch die des Teams auf hohem Niveau zu halten, erfordert nicht nur fachliche Expertise, sondern auch emotionale Stabilität und körperliche Ausdauer.

In einem Umfeld, das durch anhaltenden Druck geprägt ist, können unzureichende Stressbewältigungsstrategien und mangelnde Resilienz zu Erschöpfung, Burnout und einer verminderten Führungsfähigkeit führen.

Deshalb ist es wichtig, sich bewusst zu machen, was Stress genau ist und wie er entsteht. Erst wenn du als Führungskraft verstehst, welche Faktoren Stress verursachen und wie sich dieser auf dich und dein Team auswirkt, kannst du effektive Strategien zur Stressbewältigung entwickeln.

## Was ist Stress?

Wenn du die Ursachen und Quellen des Stresses verstehst, wird es dir leichter fallen, damit umzugehen. Stell dir vor, du kämpfst seit Jahren mit ständiger Müdigkeit und einem allgemeinen Gefühl der Erschöpfung, obwohl du ausreichend schläfst und dich gesund ernährst. Trotz zusätzlicher Vitamine und regelmäßiger Bewegung scheinen keine Lösungen dauerhaft zu wirken. Was wäre, wenn du herausfindest, dass diese Müdigkeit durch eine versteckte Fruktose-Unverträglichkeit in deiner Ernährung verursacht wird? Vielleicht ist der Fruchtzucker in scheinbar gesunden Lebensmitteln wie Äpfeln oder Limonade der Übeltäter. Würdest du dann nicht alles daran setzen, diese Lebensmittel aus deiner Ernährung zu streichen und auf fruktosefreie Alternativen umzusteigen, um wieder mehr Energie und Lebensfreude zu gewinnen?

Ähnlich verhält es sich mit Stress. Wenn du verstehst, warum dein Körper, dein Geist und deine Emotionen unter Stress geraten, sei es durch chronischen Schlafmangel, ungelöste Konflikte oder Überlastung bei der Arbeit, kannst du gezielte Maßnahmen wie Entspannungstechniken, Konfliktlösungsstrategien oder Selbstmanagement-Methoden einsetzen. Die Herausforderung besteht darin, die wahre Ursache zu erkennen und richtig zu identifizieren.

Stress ist eine komplexe Reaktion des Körpers auf Herausforderungen oder Belastungen, die als überwältigend oder bedrohlich empfunden werden. Diese Reaktion umfasst sowohl **biologische** als auch **psychologische** Prozesse, die darauf abzielen, den Körper auf die bevorstehenden Anforderungen vorzubereiten.

**Psychologisch** betrachtet entsteht Stress durch die Art und Weise, wie wir Situationen wahrnehmen und bewerten. Zuerst beurteilen wir, ob ein Ereignis als Bedrohung oder Herausforderung erscheint. Dann schätzen wir ein, ob wir über ausreichende Fähigkeiten verfügen, um damit umzugehen. Stress tritt auf, wenn wir die Anforderungen als zu hoch oder unkontrollierbar empfinden und unsere eigenen

Bewältigungsfähigkeiten nicht ausreichen. Daher hängt Stress nicht nur von den äußeren Anforderungen ab, sondern auch davon, wie wir diese Anforderungen wahrnehmen und einschätzen.

**Biologisch** betrachtet hat die Ausschüttung von Stresshormonen tiefgreifende evolutionäre Wurzeln und ist ein essenzieller Schutzmechanismus, der sich über Millionen von Jahren entwickelt hat. Dieser Mechanismus half den Menschen in der Vergangenheit, sich an die Herausforderungen ihrer Umgebung anzupassen und zu überleben.

In der frühen menschlichen Evolution waren die Lebensbedingungen oft von Gefahren geprägt, sei es durch Raubtiere oder andere feindliche Gruppen. Die Fähigkeit, auf Bedrohungen schnell zu reagieren, war entscheidend für das Überleben. Diese evolutionäre Notwendigkeit hat den heutigen Stressmechanismus geformt, der als *„Kampf-oder-Flucht"*-Reaktion bekannt ist.

Bei akuten Stresssituationen wird dieser Mechanismus aktiviert und es werden sofort Hormone wie Adrenalin und Noradrenalin freigesetzt. Adrenalin steigert die Herzfrequenz und den Blutdruck, erweitert die Atemwege und mobilisiert Glukose sowie Fettsäuren, um dem Körper sofort verfügbare Energie zu liefern. Noradrenalin hat ähnliche Effekte und erhöht zusätzlich die Wachsamkeit und Reaktionsfähigkeit. Diese hormonellen Veränderungen bereiten den Körper darauf vor, gegen eine Bedrohung zu kämpfen oder vor ihr zu fliehen.

Neben diesen unmittelbaren Reaktionen sorgt Cortisol, oft als *„Stresshormon"* bezeichnet, für langfristige Anpassungen. Es wird ebenfalls in Stresssituationen freigesetzt, um den Energiehaushalt zu regulieren und das Immunsystem zu beeinflussen. Cortisol erhöht den Blutzuckerspiegel, um zusätzliche Energie bereitzustellen, und modifiziert die Immunantwort, um den Körper in stressreichen Zeiten besser zu unterstützen.

Diese Fähigkeit zur Anpassung ermöglichte es den Menschen in der Vergangenheit, aus Erfahrungen zu lernen und sich besser auf zukünftige Stressoren vorzubereiten. Diese Anpassungsfähigkeit war ausschlaggebend für das Überleben und den Erfolg in einer sich verändernden Umgebung.

In der modernen Welt sind viele Stressoren jedoch nicht mehr unmittelbar lebensbedrohlich, sondern oft chronisch und psychologisch. Obwohl der Stressmechanismus nach wie vor auf dieselbe Weise funktioniert, sind die heutigen Stressoren häufig sozialer oder beruflicher Natur. Dies kann zu einer dauerhaften Überlastung führen, die langfristig gesundheitliche Probleme verursachen kann. Die evolutionären Anpassungen, die früher für den Umgang mit unmittelbaren Gefahren entscheidend waren, sind in der heutigen, oft weniger bedrohlichen Welt nicht immer optimal. Daher ist es wichtig, effektive Stressbewältigungsstrategien zu entwickeln, um die Auswirkungen chronischen Stresses zu minimieren.

## Die verschiedenen Arten von Stress

Stress kann auf verschiedene Weisen auftreten, abhängig von seiner Dauer, Intensität und den Auswirkungen auf den Einzelnen. Es ist hilfreich, die verschiedenen Arten von Stress zu verstehen, um besser mit ihnen umzugehen und geeignete Bewältigungsstrategien zu entwickeln.

Die wichtigsten Arten von Stress sind:

### Akuter Stress

Akuter Stress ist eine kurzfristige Reaktion auf unmittelbare Herausforderungen oder Bedrohungen. Er tritt auf, wenn wir plötzlich mit neuen, unerwarteten Situationen konfrontiert werden. Typische Reaktionen umfassen erhöhten Herzschlag, schnelle Atmung und Nervosität. Beispiele sind die Aufregung vor einer wichtigen Präsentation oder die Anspannung während eines Notfalls.

### Episodischer Akuter Stress

Episodischer akuter Stress tritt auf, wenn jemand regelmäßig mit kurzen, intensiven Stressphasen zu kämpfen hat. Dieser Stress kann durch häufige, wiederkehrende Belastungen wie ständigen Zeitdruck oder regelmäßige Arbeitsprobleme verursacht werden. Er kann sich in Form von Kopfschmerzen und chronischer Besorgnis äußern.

### Chronischer Stress

Chronischer Stress ist eine langanhaltende Belastung, die über Monate oder Jahre andauern kann. Er entsteht oft durch anhaltende Probleme wie finanzielle Schwierigkeiten oder langwierige gesundheitliche Probleme. Zu den Auswirkungen gehören langfristige gesundheitliche Probleme, Schlafstörungen und anhaltende emotionale Erschöpfung.

### Eustress

Eustress, oder positiver Stress, ist der Stress, der mit positiven Herausforderungen verbunden ist. Er kann motivierend wirken und dazu beitragen, persönliche oder berufliche Ziele zu erreichen. Typische Merkmale sind Energie und Begeisterung, zum Beispiel vor einer bevorstehenden Reise oder bei der Arbeit an einem interessanten Projekt.

### Distress

Distress ist negativer Stress, der als überwältigend oder schädlich empfunden wird. Er tritt auf, wenn die Anforderungen einer Situation die eigenen Bewältigungsmechanismen übersteigen. Zu den Symptomen gehören chronische Erschöpfung und emotionale Überwältigung, etwa bei langfristigen finanziellen Sorgen oder anhaltendem beruflichem Druck.

### Posttraumatischer Stress

Posttraumatischer Stress tritt nach dem Erleben eines traumatischen Ereignisses auf und kann in Form von wiederkehrenden Erinnerungen und intensiven emotionalen Reaktionen auftreten. Typische Anzeichen sind Schlafstörungen und Flashbacks, die Monate oder Jahre nach dem Trauma anhalten können, wie etwa nach einem schweren Unfall oder einem anderen extrem belastenden Ereignis.

## Die Forschung von Richard Lazarus

Richard Lazarus, ein herausragender amerikanischer Psychologe, hat die Stressforschung entscheidend geprägt. Seine Erkenntnisse aus dem Jahr 1991 bieten wertvolle Einsichten, wie Menschen Stress erleben und damit umgehen. Lazarus unterscheidet zwischen zwei Hauptstrategien zur Stressbewältigung:

### 1. Problemorientierte Bewältigung

Diese Methode zielt darauf ab, das Problem direkt zu lösen oder die stressauslösende Situation zu verändern. Dazu gehören Maßnahmen wie das Entwickeln eines Plans, das Einholen von Informationen oder das Suchen nach Lösungen. Wenn jemand beispielsweise unter Arbeitsstress leidet, könnte er durch besseres Selbstmanagement oder das Bitten um Hilfe von Kollegen versuchen, die Situation zu verbessern.

### 2. Emotionsorientierte Bewältigung

Diese Strategie konzentriert sich darauf, die emotionalen Reaktionen auf den Stressor zu regulieren und die emotionale Belastung zu verringern. Hierzu zählen Techniken wie Entspannung, Ablenkung oder das Gespräch mit Freunden und Familie. Wenn jemand sich wegen der Krankheit eines Angehörigen sorgt, könnte er emotionale Unterstützung suchen oder Entspannungstechniken anwenden, um seine Ängste zu reduzieren.

Lazarus' Forschungen haben gezeigt, dass die Art und Weise, wie wir eine Situation bewerten, entscheidend dafür ist, wie stark wir Stress empfinden. Zwei Personen, die denselben Stressor erleben, können unterschiedliche Stressreaktionen zeigen, je nachdem, wie sie die Situation bewerten und welche Bewältigungsstrategien sie anwenden.

Ein weiteres wichtiges Ergebnis seiner Forschung ist die Bedeutung von Kontrolle und Selbstwirksamkeit für die Stressbewältigung. Menschen, die das Gefühl haben, Kontrolle über ihre Situation zu haben und in der Lage zu sein, ihre Probleme zu bewältigen, berichten oft von weniger Stress und zeigen bessere Bewältigungsfähigkeiten.

## Stress unter Kontrolle

Die Bewältigung von Stress ist unerlässlich für das allgemeine Wohlbefinden und die Gesundheit. Unter den vielen Techniken haben sich einige Methoden als besonders effektiv erwiesen. Im Folgenden werde ich dir die wirkungsvollsten Ansätze zur Stressbewältigung vorstellen. Ich möchte dabei anmerken, dass nicht jede Methode für jeden gilt und wirkt. Die Techniken bieten dir jedoch eine Auswahl, die du in Betracht ziehen solltest, wenn du dich gestresst fühlst. Schaden tun diese Methoden jedenfalls nicht.

### 1. Achtsamkeitsmeditation

Achtsamkeitsmeditation ist eine Übung, bei der man sich bewusst auf den Moment konzentriert. Dabei nimmt man Gedanken, Gefühle und körperliche Empfindungen wahr, ohne sie zu bewerten. Diese Praxis hilft, weniger stark auf stressige Gedanken und Emotionen zu reagieren, und fördert eine entspannte und konzentrierte Haltung.

**Praktische Anwendung:** Um die Vorteile der Achtsamkeit zu nutzen, kannst du täglich einige Minuten für Achtsamkeitsübungen einplanen. Hier sind einige Techniken, die du ausprobieren kannst:

- **Atembeobachtung:** Setze dich an einen ruhigen Ort, schließe die Augen und richte deine Aufmerksamkeit auf deinen Atem. Nimm bewusst wahr, wie die Luft ein- und ausströmt, ohne den Atem zu verändern. Wenn deine Gedanken abschweifen, lenke sie sanft zurück auf den Atem.

- **Körperscan:** Lege dich hin oder setze dich bequem hin und konzentriere dich nacheinander auf verschiedene Körperteile. Beginne bei den Zehen und arbeite dich bis zum Kopf vor. Spüre jede Körperregion bewusst, ohne sie zu bewerten, und entspanne dabei die Muskeln.

- **Achtsames Gehen:** Gehe langsam und bewusst, während du dich auf die Bewegungen deines Körpers konzentrierst. Achte darauf, wie deine Füße den Boden berühren und wie sich dein Körper bei jedem Schritt bewegt. Dies kannst du auch während eines kurzen Spaziergangs in der Natur praktizieren.

- **Achtsames Essen:** Nimm dir Zeit, um deine Mahlzeiten bewusst zu genießen. Konzentriere dich auf den Geschmack, die Textur und das Aroma jedes Bissens. Esse langsam und vermeide Ablenkungen wie Fernsehen oder Smartphones.

- **Achtsame Pausen:** Plane regelmäßige, kurze Pausen während des Tages ein, in denen du dich nur auf deine Atmung oder deine Umgebung konzentrierst. Diese Mini-Meditationen können helfen, den Geist zu klären und Stress abzubauen.

## 2. Kognitive Verhaltenstherapie (CBT)

Die Kognitive Verhaltenstherapie (CBT) ist eine Therapieform, die darauf abzielt, negative Denkmuster und Verhaltensweisen zu erkennen und zu verändern. Indem man lernt, ungesunde Gedanken neu zu strukturieren, kann man stressige Situationen besser bewältigen und seine emotionalen Reaktionen besser kontrollieren.

**Praktische Anwendung:** Du kannst die kognitive Verhaltenstherapie (CBT) selbst anwenden, indem du die folgenden Techniken nutzt:

- **Erkennen negativer Gedanken:** Ein zentraler Bestandteil der CBT ist es, sich bewusst zu machen, welche negativen Gedanken dich belasten. Um diese Technik selbst anzuwenden, kannst du ein Gedankenprotokoll führen. Schreibe regelmäßig auf, welche belastenden Gedanken dir durch den Kopf gehen. Notiere, wann und unter welchen Umständen diese Gedanken auftreten und wie sie deine Gefühle und Verhaltensweisen beeinflussen. Durch das Aufschreiben bekommst du ein klareres Bild davon, welche Gedanken immer wiederkehren und wie sie deinen Stress beeinflussen.

- **Gedanken herausfordern:** Sobald du negative Gedanken identifiziert hast, ist der nächste Schritt, diese kritisch zu hinterfragen. Überprüfe, ob diese Gedanken realistisch sind oder ob es alternative, positivere Perspektiven gibt. Beispielsweise, wenn du denkst *„Ich werde nie* *erfolgreich sein"*, frage dich, ob das wirklich der Fall ist. Denke an vergangene Erfolge oder positive Rückmeldungen, die du erhalten hast. Schreibe alternative Gedanken auf, die realistischer oder unterstützender sind, wie *„Ich habe schon viele Herausforderungen gemeistert und kann das auch jetzt schaffen."*

- **Handlungspläne zur Problemlösung:** Um Stressfaktoren systematisch zu bewältigen, erstelle einen Handlungsplan. Unterteile die stressige Situation in kleinere, überschaubare Schritte. Setze Prioritäten und lege fest, welche Aufgaben du zuerst erledigen möchtest. Zum Beispiel, wenn du eine große Arbeitsaufgabe hast, könnte dein Plan Folgendes umfassen:
  1) Aufgaben in kleinere Teile zerlegen,
  2) jeden Teil einzeln angehen,
  3) regelmäßige Pausen einplanen und
  4) dir erreichbare Ziele setzen.

  Halte deine Fortschritte schriftlich fest, um deine Schritte nachzuvollziehen.

- **Expositionsübungen:** Setze dich gezielt mit deinen Ängsten oder stressigen Situationen auseinander, um deine Angst zu reduzieren. Beginne mit weniger belastenden Situationen und arbeite dich schrittweise zu schwierigeren vor. Zum Beispiel, wenn du Angst vor öffentlichen Reden hast, könntest du zunächst vor einem kleinen Freundeskreis sprechen, bevor du dich größeren Gruppen stellst.

## 3. Regelmäßige körperliche Aktivität

Regelmäßige Bewegung ist ein effektives Mittel, um Stress abzubauen. Durch Bewegung werden Endorphine freigesetzt, die deine Stimmung auf natürliche Weise verbessern. Außerdem hilft körperliche Aktivität, die körperlichen Folgen von Stress zu reduzieren, den Schlaf zu verbessern und die allgemeine Gesundheit zu fördern.

**Praktische Anwendung:** Um die Vorteile der körperlichen Aktivität zur Stressbewältigung zu nutzen, solltest du regelmäßig Sport treiben. Hier sind einige praktische Tipps, wie du Bewegung in deinen Alltag integrieren kannst:

- **Tägliche Routine:** Plane mindestens 30 Minuten moderate Bewegung an den meisten Tagen der Woche ein. Das kann zügiges Gehen, Radfahren oder Yoga umfassen. Diese Aktivitäten sind einfach umsetzbar und können leicht in deinen Alltag integriert werden.

- **Vielfalt nutzen:** Variiere deine Bewegungsformen, um Abwechslung zu schaffen und verschiedene Muskelgruppen zu trainieren. Du könntest zum Beispiel abwechselnd Joggen, Schwimmen und Radfahren in deine Wochenroutine einbauen.

- **Bewegung im Alltag integrieren:** Nutze Gelegenheiten, um dich auch im Alltag mehr zu bewegen. Steige eine Station früher aus dem Bus und gehe den Rest des Weges zu Fuß, nutze die Treppe statt den Aufzug oder mache kleine Dehnübungen während deiner Pausen.

- **Gruppenaktivitäten:** Schließe dich Sportgruppen oder -kursen an, um Motivation und soziale Interaktion zu fördern. Ob in einem Fitnessstudio, einem Lauftreff oder einem Yoga-Kurs. Gemeinsames Training kann die Freude an der Bewegung steigern.

- **Bewegung als Ausgleich:** Nutze Bewegung gezielt als Ausgleich zu stressigen Phasen. Ein kurzer Spaziergang nach einem intensiven Arbeitstag oder eine entspannende Yoga-Session am Abend kann helfen, Stress abzubauen und den Kopf freizubekommen.

### 4. Soziale Unterstützung

Starke soziale Netzwerke sind wichtig für die Stressbewältigung. Unterstützung durch Familie, enge Freunde und reale soziale Gruppen, wie etwa Vereine oder Gemeinschaftsaktivitäten, kann emotionale Belastungen mindern und das allgemeine Wohlbefinden fördern. Dabei geht es um echte, persönliche Beziehungen, die dir Halt und Verständnis bieten.

**Praktische Anwendung:** Um die Vorteile sozialer Unterstützung optimal zu nutzen, kannst du folgende Strategien anwenden:

- **Aktive Beziehungspflege:** Investiere Zeit und Energie in deine Beziehungen. Halte regelmäßigen Kontakt zu Freunden und Familie, sei es durch Telefonate, Besuche oder digitale Kommunikation. Zeige Interesse an ihrem

Leben und biete auch deine Unterstützung an, wenn sie sie benötigen.

- **Soziale Aktivitäten:** Engagiere dich in sozialen Gruppen oder Vereinen, die deinen Interessen entsprechen. Dies kann helfen, neue Bekanntschaften zu schließen und bestehende Beziehungen zu vertiefen. Aktivitäten wie gemeinsames Sporttreiben, Ehrenamtliche Arbeit oder Hobbygruppen bieten nicht nur soziale Interaktion, sondern auch eine sinnvolle Ablenkung vom Stress.

- **Offenheit und Kommunikation:** Teile deine Gedanken und Gefühle offen mit Menschen, denen du vertraust. Es kann sehr entlastend sein, über Stresssituationen zu sprechen und Ratschläge oder einfach nur Zuhören von anderen zu erhalten. Offene Kommunikation stärkt Beziehungen und kann helfen, emotionale Belastungen abzubauen.

- **Gemeinsame Unternehmungen:** Plane regelmäßige Treffen oder gemeinsame Aktivitäten mit deinen Liebsten. Ob es ein gemeinsames Essen, ein Spaziergang oder ein Spielabend ist. Solche Momente stärken die Bindung und bieten eine willkommene Abwechslung vom Alltagsstress.

- **Verbindungen stärken:** Achte darauf, bestehende Beziehungen zu pflegen und auszubauen. Nutze Gelegenheiten, um Beziehungen zu festigen, sei es durch persönliche Treffen oder durch kleine Aufmerksamkeiten, die zeigen, dass dir die Beziehung wichtig ist.

# Dein Wegweiser zu stressfreier Führung

Nachdem wir die Ursachen und Stressarten beleuchtet und ich dir die vier effektivsten Methoden zur Stressbewältigung vorgestellt habe, ist es jetzt an der Zeit, dir einen konkreten Handlungsleitfaden an die Hand zu geben. Dieser Leitfaden soll dir dabei helfen, deine Führungsaufgaben entschlossen und stressfrei zu bewältigen, während du gleichzeitig deine Resilienz stärkst.

- ✓ **Setze Prioritäten und delegiere Aufgaben**
  Nutze die Eisenhower-Matrix, um deine Aufgaben nach Wichtigkeit und Dringlichkeit zu kategorisieren. Delegiere weniger wichtige Aufgaben an deine Mitarbeiter.

- ✓ **Führe regelmäßige 1:1-Gespräche**
  Führe regelmäßige, strukturierte Einzelgespräche mit jedem Teammitglied. Dies hilft dir, Probleme frühzeitig zu erkennen und eine offene Kommunikation zu fördern.

- ✓ **Definiere klare Ziele und Erwartungen**
  Setze klare und erreichbare Ziele und kommuniziere deine Erwartungen deutlich. Dies hilft, Unsicherheiten und Missverständnisse zu vermeiden. Verwende die SMART-Formel (Spezifisch, Messbar, Attraktiv, Realistisch, Terminiert) zur Festlegung von Zielen.

- ✓ **Biete flexible Arbeitszeitmodelle an**
  Ermögliche deinem Team flexible Arbeitszeiten oder Homeoffice-Optionen, um die Work-Life-Balance zu verbessern.

✓ **Organisiere Team-Building-Aktivitäten**
Plane regelmäßig Team-Building-Aktivitäten, um das Teamgefühl zu stärken und Stress durch soziale Interaktion abzubauen.

✓ **Etabliere eine offene Feedbackkultur**
Fördere eine offene Feedbackkultur, bei der sowohl positive als auch konstruktive Rückmeldungen regelmäßig gegeben und empfangen werden. Ermutige alle, Feedback als Chance zur Verbesserung zu sehen und darauf zu reagieren.

✓ **Gönn dir Zeit zur Selbstreflexion und für Erholung**
Nimm dir regelmäßig Zeit für Selbstreflexion und Erholung, um deine eigene mentale Gesundheit zu pflegen. Gönn dir auch mal was, du hast es dir verdient.

✓ **Beginne den Typus deiner Mitarbeiter zu verstehen**
Lerne und verstehe die Persönlichkeitstypen deiner Mitarbeiter, um deren Stärken besser nutzen zu können. Führe Persönlichkeitstests wie D.I.S.G. durch und nutze die Ergebnisse, um Aufgaben entsprechend den Stärken der Mitarbeiter zuzuweisen. Hierzu wirst du noch mehr im Kapitel *„Die Macht der emotionalen Intelligenz"* erfahren.

✓ **Unterstütze die persönliche Weiterentwicklung**
Biete regelmäßige Schulungen, Workshops und Weiterbildungsmöglichkeiten an. Erstelle individuelle Entwicklungspläne und unterstütze deine Mitarbeiter bei der Erreichung ihrer beruflichen Ziele.

✓ **Nutze gute Standards**
Etabliere klare Standards und strukturierte Abläufe, um wiederkehrende Aufgaben effizient zu managen und Stress zu reduzieren.

## Der Erfolg durch Standards

Kennst du das Erfolgsrezept von Volkswagen, IKEA und der irischen Fluggesellschaft Ryanair?

Es ist der Einsatz von Standards.

Volkswagen hat gezeigt, wie wichtig einheitliche Standards für die Schaffung von Struktur, die Reduzierung von Fehlern, die Verbesserung der Effizienz und die kontinuierliche Steigerung der Qualität sind.

In meiner beruflichen Laufbahn hatte ich die Gelegenheit, die Arbeitskultur und den Erfolg von Volkswagen hautnah zu erleben. Volkswagen hat nicht nur in Deutschland und Europa, sondern weltweit Anerkennung gefunden und sich als eine der erfolgreichsten Weltmarken positioniert.

Der Konzern hat weltweit einheitliche Standards etabliert, die nicht nur Dienstleister, Lieferanten und Mitarbeiter, sondern auch verschiedene Produktionsstätten und Geschäftsbereiche nahtlos miteinander verbinden. Diese globalen Standards sorgen dafür, dass die Produktionsprozesse überall konsistent ablaufen. Dadurch wird eine hohe Qualität der Produkte gewährleistet, was die Marke international stärkt und ihr Vertrauen bei den Kunden sichert.

Der Volkswagen Nachhaltigkeitsbericht betont die Bedeutung strenger Qualitätsstandards, die nicht nur die Anzahl der Produktionsfehler reduzieren, sondern auch dazu beitragen, dass Ressourcen besser genutzt werden.

Eine Untersuchung des Fraunhofer-Instituts hat gezeigt, dass durch solche Standards die Fehlerquote in der Produktion um bis zu 50 % gesenkt werden kann.

Die Einführung von Standards hat Volkswagen nicht nur zu einem Qualitätsführer in der Automobilbranche gemacht, sondern auch die Produktionskosten erheblich gesenkt. Durch die Anwendung von Lean-Management-Praktiken und kontinuierlichen Verbesserungsprozessen (Kaizen) konnte die Effizienz in den Produktionsstätten signifikant gesteigert und Verschwendung minimiert werden. Ein super Beispiel für die erfolgreiche Umsetzung dieser Prinzipien ist die modulare Plattform MQB (Modularer Querbaukasten). Diese Plattform ermöglicht es Volkswagen, verschiedene Modelle wie den Golf, Audi A3 und SEAT Leon auf einer gemeinsamen Basis zu produzieren. Dies führt nicht nur zu erheblichen Kosteneinsparungen, sondern auch zu einer Verkürzung der Entwicklungszeiten und einer höheren Flexibilität bei der Nutzung von Bauteilen und Produktionsmethoden.

Darüber hinaus hat Volkswagen durch die Einführung von Standards die Kommunikation und Zusammenarbeit zwischen den verschiedenen Abteilungen und Standorten weltweit verbessert, indem ein einheitliches, standardisiertes Verständnis geschaffen wurde.

Ein weiterer Vorteil der einheitlichen Standards von Volkswagen ist die Fähigkeit, sich schnell an neue Marktanforderungen anzupassen und neue Fahrzeugmodelle einzuführen.

Die modulare Plattformstrategie ermöglicht es dem Unternehmen, schnell auf Veränderungen im Markt zu reagieren und dabei die Produktionskosten niedrig zu halten. Diese Flexibilität und Effizienz wird in verschiedenen Marktforschungsberichten und den jährlichen Geschäftsberichten von Volkswagen als Schlüsselfaktor für den Erfolg des Unternehmens hervorgehoben.

### Der herausragende Standard von IKEA

Ein weiteres herausragendes Beispiel für den Erfolg durch Standardisierung ist IKEA. Bei IKEA zieht sich das Prinzip der Standardisierung durch alle Bereiche des Unternehmens und ist ein wesentlicher Faktor für dessen Erfolg.

Ein besonders prägnantes Beispiel ist die modulare Bauweise der IKEA-Möbel. Die Möbel werden so entwickelt, dass verschiedene Komponenten und Zubehörteile miteinander kompatibel sind. Dies ermöglicht es IKEA, ein breites Sortiment anzubieten, bei dem Elemente wie Regalböden, Schubladen und Türfronten problemlos zwischen unterschiedlichen Möbelstücken ausgetauscht werden können. So können beispielsweise die Regalböden aus der Serie *„Billy"* auch in den Schrank der Serie *„Pax"* eingebaut werden. Diese Modularität reduziert nicht nur die Produktionskosten, da weniger spezifische Teile benötigt werden, sondern erhöht auch die Flexibilität für den Kunden, der Möbel nach seinen eigenen Bedürfnissen zusammenstellen kann.

Zusätzlich zur Produktstandardisierung setzt IKEA auf eine weltweit einheitliche Gestaltung seiner Geschäftshäuser. Egal, ob man eine Filiale in München oder in Stockholm betritt, die Grundstruktur ist gleich. Die Kunden finden sich aufgrund des konsistenten Designs leicht zurecht, was das Einkaufserlebnis angenehmer macht. Diese einheitliche Gestaltung reduziert die Kosten für Planung und Bau neuer Filialen erheblich.

Darüber hinaus sorgt die Standardisierung für eine konsistente Kundenerfahrung. Kunden wissen, dass sie unabhängig vom Standort eine gleichbleibende Qualität und ein einheitliches Einkaufserlebnis erwarten können. Diese Konsistenz stärkt die Marke und die Kundenbindung.

**Der Erfolgsstandard von Ryanair**
Noch ein beeindruckendes Beispiel für den Erfolg gut durchdachter Standards ist die irische Fluggesellschaft Ryanair.

Ryanair setzt auf eine stark fokussierte Flotte, die hauptsächlich aus Boeing 737-800 und Boeing 737-700 besteht. Diese Entscheidung bringt zahlreiche Vorteile mit sich. Zum einen reduziert sich der Schulungsaufwand für das Personal erheblich, da Piloten, Kabinenpersonal und Wartungsteams auf denselben Flugzeugtyp geschult werden. Dies spart nicht nur Zeit und Geld, sondern ermöglicht auch eine effizientere Nutzung der Ressourcen. Zudem führt die Standardisierung bei Ryanair zu einer deutlichen Reduktion der Lagerhaltungskosten für Ersatzteile.

Da das Unternehmen hauptsächlich zwei Flugzeugtypen verwendet, kann es eine begrenzte Anzahl von Ersatzteilen lagern, was sowohl Kosten spart als auch die Logistik vereinfacht.

Die Standardisierung wirkt sich auch erheblich auf die Wartung der Flugzeuge aus. Da alle Maschinen vom gleichen Typ sind, lassen sich Wartungsarbeiten wesentlich schneller und kosteneffizienter durchführen. Die Instandhaltung ist speziell auf die gleichen Verfahren und Ersatzteile geschult, was die Effizienz steigert. Diese Spezialisierung ermöglicht eine schnellere Diagnose und Behebung von Problemen, wodurch die Wartungszeiten verkürzt und die Einsatzbereitschaft der Flugzeuge erhöht werden.

Zusammenfassend zeigt Ryanair, wie die Anwendung von Standards in der Flugzeugflotte, der Lagerhaltung und der Wartung erhebliche Kostenvorteile und Effizienzgewinne bringen kann. Die konsequente Standardisierung ermöglicht es der Airline, ihre Betriebsabläufe zu optimieren und gleichzeitig im wettbewerbsintensiven europäischen Markt erfolgreich zu sein.

**Fazit:** Durch die Implementierung klar definierter Standards werden Fehler minimiert und die Zufriedenheit von Kunden und Mitarbeitern deutlich verbessert. Die Konsistenz und Verlässlichkeit, die durch standardisierte Prozesse entstehen, führen zu einer transparenteren Kommunikation. Dadurch kannst du dich auf die wesentlichen Aufgaben konzentrieren und dein Stresslevel massiv reduzieren.

Große Konzerne, die ihre Marktposition erfolgreich behaupten, zeigen uns, wie es geht. Du musst das Rad nicht neu erfinden. Stattdessen kannst du von diesen Vorreitern lernen und ihre Strategien für dich nutzen. Auch wenn dein Unternehmen eher mittelständisch ist, bin ich fest davon überzeugt, dass du durch die Anwendung von Standards dich und dein Unternehmen weiterentwickeln kannst.

## Zwischen Einheit und Vielfalt: Der Balanceakt

In den letzten Jahren hat der Individualismus zunehmend an Bedeutung gewonnen und wird immer mehr von Menschen geschätzt. Der Trend hin zu maßgeschneiderten Lösungen und personalisierten Angeboten ist deutlich sichtbar. Allerdings bringt der Individualismus auch höhere Kosten und Herausforderungen mit sich, da jede Kundenanfrage spezifisch behandelt werden möchte und nicht jede zu einem erfolgreichen Abschluss führt. Daher ist es wichtig, den richtigen Balanceakt zwischen Standardisierung und Individualisierung zu finden, um die Effizienz und Rentabilität zu maximieren.

Ein bewährter Ansatz, um Standardisierung und individuelle Anpassungen geschickt zu kombinieren, besteht darin, einen *„Katalogbaukasten"* für Produkte oder Dienstleistungen zu entwickeln. Diese Methode lässt sich gut mit einer Speisekarte in einem Restaurant vergleichen. Der Katalog, ähnlich wie die Speisekarte, dient als Leitfaden, der klare Vorgaben für das Angebot macht, während er gleichzeitig ausreichend Flexibilität bietet, um auf individuelle Kundenwünsche einzugehen.

Ein solcher Katalog schafft Klarheit und Orientierung für den Kunden. Er ermöglicht es ihm, auf einen Blick zu sehen, welche Optionen standardmäßig verfügbar sind, was ihm hilft, seine Entscheidungen zu treffen, ohne von zu vielen Möglichkeiten überwältigt zu werden. Gleichzeitig signalisiert der Katalog, dass Anpassungen möglich sind, was dem Kunden das Gefühl gibt, dass seine individuellen Bedürfnisse ernst genommen werden.

Um das Beispiel der Speisekarte weiterzuführen: Eine Pizzeria bietet eine Auswahl an verschiedenen Pizzen an, die auf den grundlegenden Zutaten des Hauses basieren, wie etwa Teig, Tomatensauce und Käse. Diese Basiszutaten sorgen für eine gleichbleibende Qualität. Innerhalb dieses Rahmens hat der Gast jedoch die Freiheit, seine Pizza nach Belieben zu individualisieren. Er kann zusätzliche Zutaten hinzufügen, bestimmte Zutaten weglassen oder sogar eine komplett eigene Kreation zusammenstellen.

Diese Kombination aus festen Rahmenbedingungen und individueller Anpassungsmöglichkeit ist das Kernstück eines erfolgreichen Ansatzes. Der Katalog bietet den Kunden einen klaren Rahmen, der als Orientierungshilfe dient, während er gleichzeitig Raum für Personalisierung lässt. Dies reduziert das Risiko von Missverständnissen, da sowohl die Standardoptionen als auch die Grenzen der Anpassungen klar definiert sind.

Auch aus Unternehmenssicht bringt dieser Ansatz zahlreiche Vorteile mit sich. Erstens wird die interne Logistik vereinfacht, da die Standardprodukte und ihre Komponenten klar definiert sind. Zweitens reduziert sich die Komplexität und der Aufwand bei der Umsetzung individueller Kundenwünsche, da diese innerhalb eines vorgegebenen Rahmens erfolgen. Drittens steigert dieser Ansatz die Kundenzufriedenheit, da die Kunden das Gefühl haben, ein Produkt oder eine Dienstleistung zu erhalten, die genau auf ihre Bedürfnisse zugeschnitten ist.

Durch den Einsatz eines Katalogbaukastens werden nicht nur Missverständnisse und Kommunikationsprobleme vermieden, sondern auch der Stress für alle Beteiligten – sei es für dich als Führungskraft, für deine Mitarbeiter oder für die Kunden – erheblich reduziert. Dieser Ansatz schafft eine seltene Win-Win-Win-Situation, bei der es keine Verlierer gibt.

Die Kunden wissen genau, was sie erwarten können, und du als Führungskraft kannst mit deinem Team effizienter reagieren, da die Anpassungsmöglichkeiten klar definiert sind. Letztlich führt diese Strategie zu einer stärkeren Kundenbindung. Kunden, die die Möglichkeit haben, Produkte oder Dienstleistungen nach ihren eigenen Vorstellungen anzupassen, fühlen sich wertgeschätzt und verstanden. Gleichzeitig bleibt das Unternehmen flexibel und kann besser auf wechselnde Kundenbedürfnisse reagieren, ohne die eigenen Standards und Prozesse zu gefährden.

Die Einführung eines *„Katalogbaukastens"* schafft eine ausgewogene Balance zwischen Standardisierung und Flexibilität. Dies trägt nicht nur zur Kundenzufriedenheit bei, sondern reduziert auch potenzielle Stressfaktoren im gesamten Prozessablauf und stärkt sowohl deine eigene Resilienz als auch die des gesamten Unternehmens.

*Standards zu haben bedeutet,
nichts dem Zufall zu überlassen*

Zitat von Henry Ford

# Burnout vorbeugen und gesund bleiben

Burnout ist eine ernste Herausforderung für viele Führungskräfte, die oft durch anhaltenden Stress und Überlastung entsteht. Die Gefahr, einen Burnout zu erleiden, lässt sich durch die Techniken und Empfehlungen aus dem Kapitel *„Stressfrei führen mit Resilienz"* zwar deutlich reduzieren, doch es gibt kein Wundermittel, das garantiert, dass du oder ein Teammitglied vollständig davor geschützt seid. Gerade deshalb ist es wichtig, frühzeitig auf Anzeichen zu achten und vorbeugende Maßnahmen zu ergreifen, um langfristige Schäden zu vermeiden.

Stell dir dein Team wie eine Crew auf einem Segelboot auf offener See vor. Um sicher ans Ziel zu gelangen, benötigt das Boot nicht nur einen erfahrenen Kapitän, sondern auch eine gut eingespielte Crew, die in jeder Lage zuverlässig Hand in Hand zusammenarbeitet. Besonders bei stürmischem Wetter muss die Crew zuverlässig agieren, um das Boot sicher durch hohe Wellen und schwierige Hindernisse zu manövrieren.

Ähnlich verhält es sich in deinem Team: Deine Mitarbeiter sind keine anonymen Arbeitskräfte, sondern Menschen mit eigenen Stärken, Schwächen und persönlichen Erfahrungen. Jeder bringt unterschiedliche Fähigkeiten und Belastbarkeiten mit. Wenn du deine *„Crew"* gut kennst, kannst du gezielt auf die individuellen Bedürfnisse und Stärken jedes Einzelnen eingehen und so das Risiko einer Überlastung und eines Burnouts deutlich senken.

Stell dir vor, du überträgst einem Crewmitglied die Verantwortung für die Navigation, ohne sicherzustellen, dass dein Crewmitglied die notwendigen Fähigkeiten hat, um Koordinaten korrekt zu lesen und im Falle eines aufkommenden Sturms alternative Routen zu finden. Dies ist vergleichbar mit dem Übertragen von Aufgaben an einen Mitarbeiter, dessen Fähigkeiten oder Erfahrungen nicht zu den Anforderungen der Aufgabe passen. Solche Fehlzuweisungen können zu Überlastung und Stress führen und damit das Risiko eines Burnouts erhöhen.

Um dies zu vermeiden, ist es wichtig, dass du als Führungskraft die Stärken und Schwächen deiner Mitarbeiter genau kennst und deren Aufgaben entsprechend anpasst. Jeder Mitarbeiter sollte eine Rolle übernehmen, die seinen Fähigkeiten entspricht und ihn nicht langfristig überfordert.

Es erfordert ein ausgeprägtes Fingerspitzengefühl und exzellente Menschenkenntnis, um deine Mitarbeiter aus der Komfortzone in die Wachstumszone zu entwickeln, ohne dass sie sich langfristig in der Panikzone befinden. Dies kannst du durch regelmäßige Feedbackgespräche und eine kontinuierliche Überprüfung der Aufgabenverteilung sicherstellen, sodass niemand in deinem Team dauerhaft überlastet wird. Das Arbeitspensum darf und sollte auch ansteigen, aber es sollte dann auch wieder abflachen, ähnlich einer Sinuskurve.

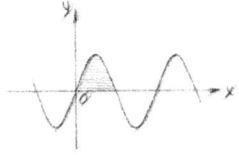

Durch eine durchdachte Aufgabenverteilung, kontinuierliche Unterstützung und den Aufbau einer offenen Kommunikationskultur kannst du die Belastung gezielt verteilen und das Risiko eines *„Sturms"* in Form von Burnout erheblich minimieren. Wenn du die Aufgaben sorgfältig auf die Stärken deiner Mitarbeiter abstimmst, bleibt das gesamte Team leistungsstark und motiviert.

Statt dich auf die Schwächen und Defizite deiner Mitarbeiter zu konzentrieren, ist es weitaus zielführender, ihre Stärken zu fördern und weiterzuentwickeln. Oft sehe ich bei Führungskräften, dass sie sich selbst als Maßstab nehmen und erwarten, dass ihre Mitarbeiter dieselben Fähigkeiten besitzen. Wenn diese Erwartungen nicht erfüllt werden, endet dies häufig in Frustration seitens der Führungskraft und Enttäuschung bei den Mitarbeitern, da die Aufgaben nicht zur Zufriedenheit erledigt werden.

Dieser Ansatz lässt sich jedoch vermeiden, indem du den Fokus richtig setzt. Eine nachhaltige und stressfreie Mitarbeiterentwicklung basiert darauf, die individuellen Stärken jedes Teammitglieds gezielt zu fördern, während du über die bestehenden Schwächen informiert bleibst. Indem du die Stärken deiner Mitarbeiter in den Mittelpunkt stellst, kannst du ihr Potenzial optimal nutzen und das gesamte Team zu neuen Erfolgen führen. So steuerst du dein *„Segelboot"* sicher durch alle Gewässer und stellst sicher, dass kein Mitglied über Bord geht.

## Was genau ist Burnout?

Stell dir vor, du stehst mit deinem Boot mitten in einem Sturm, an einem Punkt, an dem du die Kontrolle verlierst. Die Navigation ist ausgefallen, und du bist gezwungen, Entscheidungen im Blindflug zu treffen. Die Wellen schlagen hoch, der Wind peitscht dir ins Gesicht, und du hast keinen klaren Kurs mehr vor Augen. In diesem Chaos fühlst du dich hilflos, desorientiert und überfordert, unfähig, die richtigen Entscheidungen zu treffen oder das Steuer sicher zu halten.

Ähnlich verhält es sich mit einem Burnout. Ein Zustand, in dem der Mensch die Fähigkeit verliert, sich selbst und seine Lebenssituation zu steuern. Burnout ist weit mehr als einfache Müdigkeit oder gelegentlicher Stress. Es handelt sich um ein tiefgreifendes psychisches Gesundheitsproblem, das chronische physische, emotionale und geistige Erschöpfung verursacht. Dieser Zustand wird oft durch eine hohe Arbeitsbelastung, unablässigen Druck und mangelnde Erholung ausgelöst. Die Auswirkungen sind verheerend und können das Leben der Betroffenen in nahezu allen Bereichen erheblich beeinträchtigen.

Die emotionale Erschöpfung ist eine zentrale Säule des Burnouts und manifestiert sich in einem tiefgreifenden Gefühl des Ausgebranntseins. Menschen, die darunter leiden, erleben ein Gefühl der inneren Leere, als wären sie von innen heraus ausgebrannt, ohne jegliche Energie oder Vitalität. Diese Art der Erschöpfung führt zu einer lähmenden Müdigkeit, die sich selbst durch ausgedehnte Ruhephasen und Schlaf nicht mildern lässt. Die Betroffenen fühlen sich wie leere Hüllen. Ihre körperlichen und geistigen *„Batterien"* sind so vollständig entladen, dass sie sich nicht mehr aufladen lassen. Jeder Versuch, neue Energie zu tanken, erscheint vergeblich, da die inneren Reserven erschöpft sind. Diese tiefe, emotionale Leere geht oft einher mit einem Gefühl der Sinnlosigkeit und der Entfremdung, das die betroffenen Personen weiter isoliert und von ihrer Umgebung entfremdet.

Die Folgen sind nicht nur körperlich spürbar, sondern auch emotional. Die Fähigkeit, Freude zu empfinden, sich zu konzentrieren und den Alltag zu bewältigen, scheint unüberwindbar. In diesem Zustand des Ausgelaugtseins fühlen sich die Menschen oft wie Schatten ihrer selbst, unfähig, sich selbst oder andere zu motivieren, und erleben eine zunehmende Distanz zu den eigenen Werten und Zielen.

Um dir ein Beispiel zu geben: Einer deiner Mitarbeiter, der regelmäßig Überstunden macht und sich keine ausreichenden Erholungsphasen gönnt, könnte selbst nach einem verlängerten Wochenende am Montagmorgen noch erschöpft und ausgelaugt zur Arbeit erscheinen.

Mit der zunehmenden Erschöpfung wächst oft auch eine negative Einstellung gegenüber der Arbeit und den Menschen im beruflichen Umfeld. Betroffene entwickeln häufig eine zynische, distanzierte Haltung, die sich in einer emotionalen Abkapselung äußert. Es ist, als ob sie sich von ihrer Arbeit und den Menschen um sie herum emotional zurückziehen, um sich vor weiterem Schaden zu schützen.

Zum Beispiel könnte eine Mitarbeiterin, die einst hochmotiviert und engagiert war, plötzlich anfangen, ihre Kollegen und Vorgesetzten kritisch zu betrachten. Sie verliert das Interesse an Projekten und zieht sich zunehmend in sich selbst zurück, was auf eine tiefe emotionale Erschöpfung hinweisen könnte.

Ein weiteres Anzeichen für ein Burnout ist die deutlich reduzierte Leistungsfähigkeit. Die betroffenen Personen haben Schwierigkeiten, ihre Aufgaben effizient und effektiv zu bewältigen. Konzentrationsschwierigkeiten und ein Mangel an Motivation führen dazu, dass selbst einfache Aufgaben zu großen Herausforderungen werden. Dies spiegelt sich in einem spürbaren Rückgang der Arbeitsleistung wider, was wiederum den Stress weiter verstärken kann.

Ein Beispiel hierfür ist ein Mitarbeiter, der früher als sehr produktiv galt, aber plötzlich Schwierigkeiten hat, selbst einfache Aufgaben zu erledigen. Er braucht länger für die Bearbeitung, macht häufiger Fehler und seine frühere Effizienz scheint wie weggeblasen.

Burnout ist ein äußerst ernstzunehmendes Thema und keineswegs eine Modeerscheinung, wie es manchmal dargestellt wird. Es handelt sich um ein echtes Problem, das tiefgreifende Auswirkungen auf das Leben der Betroffenen haben kann. Um dieses Problem wirksam anzugehen, müssen die zugrunde liegenden Ursachen gefunden werden, insbesondere die Faktoren, die zum Burnout geführt haben. Als Führungskraft bist du mehr als nur eine Rolle, die disziplinarische Maßnahmen ergreift und Entwicklungsmöglichkeiten bietet. Deine Aufgaben als Führungskraft erfordern auch psychologische Aspekte, um Krankheiten wie Burnout vorzubeugen. Das bedeutet nicht, dass ein Mitarbeiter, der von Burnout betroffen ist, auf die Unterstützung eines Psychologen verzichten sollte. Im Gegenteil, diese Hilfe kann entscheidend für seine Genesung sein.

Doch noch wichtiger ist es, dass du als Führungskraft potenzielle Ursachen für Burnout frühzeitig erkennst, um es gar nicht erst so weit kommen zu lassen. So kannst du sicherstellen, dass du deine Ziele erreichst, ohne dabei unabsichtlich die Gesundheit deiner Mitarbeiter zu gefährden. Im Folgenden werde ich die häufigsten Ursachen und Symptome von Burnout erläutern, damit du diese Warnsignale in deinem Führungsstil besser erkennen und gezielt darauf reagieren kannst.

## Ursachen von Burnout

Burnout entsteht oft durch anhaltenden Stress und Überlastung. Hier sind einige wichtige Ursachen, die zu Burnout führen können:

### Hohe Arbeitsbelastung

Lange Arbeitszeiten, unzureichende Pausen und das Fehlen von Erholungsphasen können erheblich zum Burnout beitragen. Wenn Mitarbeiter über längere Zeiträume hinweg unter ständigem Druck stehen und keine Gelegenheit zur Erholung haben, ist das Risiko für Burnout hoch. Ein Team, das monatelang ohne ausreichende Pausen und Erholung an einem anspruchsvollen Projekt arbeitet, kann schnell ausgebrannt werden. Diese dauerhafte Überlastung kann sowohl die körperliche als auch die geistige Gesundheit der Mitarbeiter beeinträchtigen.

### Fehlende Kontrolle

Wenn Mitarbeiter das Gefühl haben, keinen Einfluss auf ihre Arbeit oder Arbeitsbedingungen zu haben, kann das zu Stress und Frustration führen. Ein Gefühl der Hilflosigkeit kann das Burnout-Risiko erhöhen. Ein Mitarbeiter, der ständig Anweisungen erhält, ohne die Möglichkeit zu haben, eigene Ideen einzubringen oder Entscheidungen zu treffen, kann sich machtlos fühlen. Diese fehlende Kontrolle kann zu Stress und schließlich zu Burnout führen.

### Unklare Erwartungen

Unklare Aufgabenstellungen und unrealistische Erwartungen können zu Unsicherheit und Stress führen. Wenn Mitarbeiter nicht wissen, was genau von ihnen erwartet wird oder wenn die Anforderungen zu hoch sind, kann das schnell überfordernd werden. Ein neuer Mitarbeiter wird in ein Projekt eingeführt, ohne klare Anweisungen oder Ziele zu erhalten. Dies kann zu Verwirrung und Überforderung führen, was das Risiko für Burnout erhöht.

### Mangelnde Anerkennung

Fehlende Wertschätzung für geleistete Arbeit kann die Motivation stark beeinträchtigen. Wenn Mitarbeiter das Gefühl haben, ihre Anstrengungen werden nicht gewürdigt, verlieren sie schnell die Motivation und können sich ausgebrannt fühlen. Ein Mitarbeiter, der konstant gute Arbeit leistet, aber nie Lob oder Anerkennung erhält, kann sich demotiviert und ausgebrannt fühlen. Die fehlende Anerkennung kann zu einem Verlust an Engagement und Begeisterung führen.

**Ungleichgewicht zwischen Arbeit und Privatleben**

Schwierigkeiten, Beruf und Privatleben in Einklang zu bringen, können zu Burnout führen. Wenn Mitarbeiter keine Zeit für Erholung und persönliche Interessen haben, kann das ihre Lebensqualität beeinträchtigen und zu Burnout führen. Ein Mitarbeiter, der ständig Überstunden macht und immer erreichbar ist, hat möglicherweise keine Zeit mehr für Familie oder Hobbys. Dieses Ungleichgewicht kann das Risiko für Burnout erhöhen.

Du hast nun einige der häufigsten Ursachen für Burnout kennengelernt. Es gibt jedoch noch viele weitere Faktoren, die zu Burnout führen können. Ein direktes Gespräch mit den betroffenen Mitarbeitern kann oft wertvolle Einblicke in ihre Gefühlslage liefern – vorausgesetzt, sie sind bereit, darüber zu sprechen.

Neben den Ursachen gibt es auch bestimmte Symptome, die darauf hinweisen können, dass ein Mitarbeiter Gefahr läuft, ein Burnout zu erleiden. Im Folgenden werde ich einige dieser Symptome erläutern, die dir als Warnzeichen dienen können, um frühzeitig zu erkennen, ob ein Mitarbeiter Unterstützung benötigt.

## Die Symptome von Burnout

Burnout äußert sich durch eine Vielzahl von Symptomen, die sich auf körperlicher, emotionaler und verhaltensmäßiger Ebene zeigen können. Hier sind einige der häufigsten Anzeichen:

### Körperliche Symptome

Chronische Müdigkeit ist ein zentrales Anzeichen für Burnout. Betroffene fühlen sich ständig erschöpft, auch nach ausreichendem Schlaf. Weitere körperliche Symptome können Kopfschmerzen, Schlafstörungen, wie Einschlaf- oder Durchschlafprobleme, und Magen-Darm-Beschwerden wie Übelkeit oder Verdauungsprobleme umfassen. Diese physischen Beschwerden entstehen oft durch die anhaltende Belastung und den Stress, dem sich die Betroffenen ausgesetzt sehen.

### Emotionale Symptome

Emotionale Anzeichen von Burnout können tiefe Gefühle der Traurigkeit oder Depression umfassen. Mitarbeiter können unter starker Angst, Reizbarkeit und einem allgemeinen Gefühl der Sinnlosigkeit oder Hoffnungslosigkeit leiden. Diese emotionalen Symptome zeigen sich oft durch eine pessimistische Haltung gegenüber der Arbeit und ein starkes Gefühl, dass die eigenen Bemühungen nicht geschätzt werden.

### Verhaltenssymptome

Verhaltensmäßig kann Burnout sich durch einen Rückzug von sozialen Aktivitäten und Kollegen äußern. Betroffene neigen dazu, sich zunehmend isoliert zu fühlen und vermeiden oft Teamaktivitäten oder soziale Interaktionen. Zudem kann es zu erhöhten Fehlzeiten am Arbeitsplatz kommen, da die Mitarbeiter häufig krankheitsbedingt ausfallen. Auch eine deutliche Leistungsabnahme ist ein häufiges Zeichen, da die Betroffenen Schwierigkeiten haben, ihre Aufgaben effizient zu erledigen.

Indem du diese Zeichen frühzeitig erkennst und gezielte Maßnahmen ergreifst, kannst du als Führungskraft nicht nur das Wohlbefinden deiner Mitarbeiter fördern, sondern auch die langfristige Leistungsfähigkeit und Zufriedenheit in deinem Team sicherstellen.

Typische Aussagen von Mitarbeitern, die auf ein Burnout hinweisen könnten, lauten oft wie folgt. Hier sind einige Beispiele:

*„Ich bin so müde, egal wie viel ich schlafe."*

*„Ich fühle mich völlig ausgebrannt."*

*„Mir ist alles egal. Es spielt keine Rolle, was ich tue."*

*„Ich habe keine Lust mehr, mit den Kollegen zu sprechen."*

*„Ich weiß nicht, wie ich das alles schaffen soll."*

*„Ich habe das Gefühl, dass mir alles über den Kopf wächst."*

*„Was bringt es überhaupt, das alles zu machen?"*

*„Ich frage mich, warum ich das überhaupt noch mache."*

*„Ich kann mich einfach nicht mehr konzentrieren."*

*„Ich habe ständig Kopfschmerzen."*

*„Ich kann nachts nicht mehr richtig schlafen."*

Solche Aussagen können Anzeichen für ein Burnout sein und sollten als Alarmsignale wahrgenommen werden. Als Führungskraft ist es wichtig, diese Signale ernst zu nehmen und gegebenenfalls das Gespräch zu suchen, um rechtzeitig Unterstützung anzubieten.

## Die Burnout-Epidemie: Erschreckende Studien

Burnout entwickelt sich zu einer alarmierenden Gesundheitskrise in der deutschen Arbeitswelt. Zahlreiche aktuelle Studien und Berichte zeigen, dass Burnout nicht nur eine wachsende Herausforderung darstellt, sondern bereits heute erhebliche Auswirkungen auf die Arbeitsfähigkeit und das Wohlbefinden der Beschäftigten hat. Laut dem Gesundheitsreport der Techniker Krankenkasse (TK) aus dem Jahr 2022 sind psychische Erkrankungen, darunter Burnout, die häufigste Ursache für Krankschreibungen in Deutschland. Die Zahlen sprechen für sich: Rund 20 % aller krankheitsbedingten Fehltage entfallen auf psychische Belastungen, wobei Burnout eine zunehmende Rolle spielt.

Auch andere Studien, wie der Forschungsbericht der Stiftung Deutsche Depressionshilfe aus dem Jahr 2021, zeigen besorgniserregende Trends: Etwa 7 % der deutschen Arbeitnehmer haben in den letzten Jahren Anzeichen eines Burnouts gezeigt, mit einem deutlichen Anstieg der Burnout-Diagnosen um 15 % im Vergleich zu den Vorjahren. Die Deutsche Angestellten Krankenkasse (DAK) unterstreicht in ihrem Gesundheitsreport von 2022 die Bedeutung von Stress als Hauptfaktor für Burnout, wobei etwa 10 % der Arbeitnehmer regelmäßig Symptome eines Burnouts erleben.

Diese Entwicklungen haben nicht nur gesundheitliche, sondern auch erhebliche wirtschaftliche Auswirkungen. Schätzungen zufolge verursachen Burnout und damit verbundene psychische Erkrankungen in Deutschland jährlich Kosten in Milliardenhöhe. Diese Kosten setzen sich aus direkten Gesundheitskosten, Produktivitätsverlusten und den Auswirkungen von Fehlzeiten zusammen.

## Präventionsmaßnahmen gegen Burnout

Burnout ist ein wachsendes Problem, das nicht nur die Gesundheit der Mitarbeiter, sondern auch die Produktivität und das Arbeitsklima erheblich beeinträchtigen kann. Um dem vorzubeugen, kannst du gezielte Maßnahmen ergreifen, die das Wohlbefinden und die Belastbarkeit deiner Mitarbeiter stärken. Daher gebe ich dir einen Handlungsleitfaden an die Hand, der dir helfen soll, das Burnoutrisiko zu reduzieren und ein gesundes, produktives Arbeitsumfeld zu schaffen.

✓ **Arbeitsbelastung regelmäßig überprüfen und anpassen**

*Maßnahme:* Führe regelmäßig Überprüfungen der Arbeitsbelastung durch, um sicherzustellen, dass Aufgaben gleichmäßig und angemessen verteilt sind.

*Beispiel:* Setze vierteljährliche Meetings an, um die aktuelle Arbeitsbelastung jedes Teammitglieds zu besprechen und bei Bedarf Aufgaben umzuverteilen. Dies verhindert Überlastung einzelner Mitarbeiter und sorgt für eine ausgeglichene Arbeitsverteilung.

✓ **Mentorship-Programme etablieren**

*Maßnahme:* Implementiere ein Mentorship-Programm, bei dem erfahrene Mitarbeiter weniger erfahrene Kollegen unterstützen und ihnen bei der Bewältigung von Herausforderungen helfen.

*Beispiel:* Starte ein formelles Mentorship-Programm, bei dem neue Mitarbeiter einen Mentor zugewiesen bekommen, der sie regelmäßig trifft, um über Ziele, Herausforderungen und persönliche Entwicklung zu sprechen. Dies fördert ein unterstützendes Arbeitsumfeld und reduziert Stress.

✓ **Gezielte Erholungspausen fördern**

*Maßnahme:* Ermutige deine Mitarbeiter, gezielt und regelmäßig kurze Pausen einzulegen, um Erschöpfung vorzubeugen und die Produktivität aufrechtzuerhalten.

*Beispiel:* Führe eine Regel ein, dass Mitarbeiter nach jeweils 90 Minuten konzentrierter Arbeit eine 10-minütige Pause einlegen. Schaffe dafür spezielle Pausenbereiche, die zur Entspannung und Erholung einladen.

✓ **„Open-Door"-Politik etablieren**

*Maßnahme:* Implementiere eine *„Open-Door"*-Politik, bei der Mitarbeiter jederzeit die Möglichkeit haben, mit dir über ihre Sorgen und Probleme zu sprechen.

*Beispiel:* Setze wöchentliche Sprechstunden fest, in denen du für ungeplante Gespräche offen bist. Dies schafft Vertrauen und fördert eine offene Kommunikation, wodurch Probleme frühzeitig erkannt und angegangen werden können.

✓ Erholung und Freizeit respektieren

*Maßnahme:* Setze klare Grenzen zwischen Arbeitszeit und Freizeit, um sicherzustellen, dass Mitarbeiter ausreichend Zeit zur Erholung haben.

*Beispiel:* Implementiere eine *„Keine-E-Mails-nach-Arbeitszeit"*-Politik und achte darauf, dass Wochenenden und Urlaubszeiten respektiert werden. Dies hilft, eine gesunde Work-Life-Balance zu fördern.

✓ Job-Rotation und Abwechslung bieten

*Maßnahme:* Biete Möglichkeiten zur Job-Rotation an, um monotone Arbeit zu vermeiden und neue Herausforderungen zu bieten.

*Beispiel:* Entwickle ein Programm, bei dem Mitarbeiter in regelmäßigen Abständen neue Aufgaben oder Projekte übernehmen, die außerhalb ihres üblichen Arbeitsbereichs liegen. Dies kann die Motivation steigern und Burnout vorbeugen.

✓ Resilienztraining fördern

*Maßnahme:* Unterstütze deine Mitarbeiter durch Resilienztrainings, um ihre Fähigkeit zu stärken, mit Stress und Rückschlägen umzugehen.

*Beispiel:* Biete Workshops oder Online-Kurse an, die Techniken zur Förderung von Resilienz vermitteln, wie z. B. positive Selbstwahrnehmung, Umgang mit Rückschlägen und Stressmanagement.

✓ **Arbeitsplatzgestaltung für mehr Bewegung**

*Maßnahme:* Fördere Bewegung am Arbeitsplatz, um körperliche und mentale Gesundheit zu unterstützen.

*Beispiel:* Richte Stehschreibtische oder bewegungsfördernde Arbeitsstationen ein und ermutige zu kurzen Spaziergängen während der Pausen. Bewegung hilft, Stress abzubauen und steigert das allgemeine Wohlbefinden.

✓ **Mitarbeiter in Entscheidungsprozesse einbeziehen**

*Maßnahme:* Binde deine Mitarbeiter stärker in Entscheidungsprozesse ein, um ihre Eigenverantwortung zu fördern und das Gefühl der Kontrolle zu erhöhen.

*Beispiel:* Schaffe Plattformen, auf denen Mitarbeiter Ideen einbringen und an Entscheidungsprozessen beteiligt werden können, z. B. durch regelmäßige Brainstorming-Sitzungen oder Umfragen. Dies erhöht die Zufriedenheit und das Engagement, was Burnout vorbeugen kann.

Nachdem wir in diesem Kapitel die verschiedenen Aspekte des Burnouts detailliert betrachtet haben – von den Ursachen und Symptomen über die Warnsignale bis hin zu wirksamen Präventionsmaßnahmen – hoffe ich, dass du wertvolle Einblicke und praktische Ansätze gewonnen hast, um dein Team erfolgreich und gesund zu führen.

Burnout ist ein komplexes und vielschichtiges Problem, das keine universelle Lösung kennt. Auch wenn die Forschung stetig Fortschritte macht und neue Erkenntnisse liefert, bleibt Burnout eine Herausforderung, die sich ständig weiterentwickelt. Es gibt kein *„Allheilmittel"*, aber das bedeutet nicht, dass du diese Herausforderung ignorieren solltest. Im Gegenteil: Eine proaktive und informierte Herangehensweise kann entscheidend sein, um deine Mitarbeiter bestmöglich zu unterstützen.

Bereite dich darauf vor, dass du immer wieder mit solchen Herausforderungen konfrontiert wirst. Die Arbeitswelt ist sehr dynamisch, und die Bedürfnisse und Belastungen deiner Mitarbeiter können sich ändern. Daher ist es wichtig, kontinuierlich an der Verbesserung deiner Führungsstrategien zu arbeiten und flexibel auf neue Entwicklungen zu reagieren.

Emotionale Intelligenz ist dabei ein absolutes Schlüsselelement, um diese Herausforderung erfolgreich zu bewältigen. Ein tiefes Verständnis für die eigenen Emotionen sowie die Fähigkeit, Empathie zu zeigen, sind Fähigkeiten, die den entscheidenden Unterschied machen können.

Wie du diese Fähigkeiten gezielt einsetzen und weiterentwickeln kannst, werden wir im nächsten Kapitel eingehend behandeln.

Es gibt zwei Arten von Führungskräften. Die einen treiben wie ein kleines Boot auf hoher See, das sich willenlos von den Wellen und dem Wind hin und her werfen lässt. Sie investieren kaum Energie, lassen sich von äußeren Umständen bestimmen und hoffen, dass sie irgendwann zufällig an ihrem Ziel ankommen, wenn sie überhaupt eines haben. Ihr Handeln ist geprägt von Passivität und der Erwartung, dass sich die Dinge von selbst fügen.

Und dann gibt es die andere Art von Führungskraft. Diejenigen, die entschlossen die Kontrolle übernehmen. Sie setzen die Segel mit Bedacht, navigieren gezielt durch die Stürme und passen ihren Kurs immer wieder an, um sicherzustellen, dass sie das angestrebte Ziel erreichen. Diese Führungskräfte scheuen sich nicht davor, alternative Routen zu erkunden, wenn der direkte Weg nicht passierbar ist. Sie handeln mit Klarheit, Entschlossenheit und einem unerschütterlichen Fokus darauf, ihr Ziel zu erreichen – egal, welche Hindernisse ihnen im Weg stehen.

*Nimm dein Leben selbst in die Hand,*
*sonst tuen es andere für dich*

Zitat von Marlene Dietrich

# Die Macht der emotionalen Intelligenz

Um Konflikte erfolgreich zu lösen und in wahre Erfolge zu verwandeln, gibt es eine weitere Schlüsselfähigkeit, die oft unterschätzt wird: **Die emotionale Intelligenz!** Sie befähigt uns nicht nur, unsere eigenen Emotionen zu erkennen und zu steuern, sondern auch, die Gefühlswelt anderer Menschen zu verstehen und darauf einfühlsam zu reagieren. Wer diese Fähigkeit beherrscht, kann das Unmögliche möglich machen.

Das Verständnis der eigenen Emotionen und deren Einfluss auf das Verhalten ist ein wesentlicher Bestandteil, um die Resilienz zu stärken. Viele Menschen haben sich noch nie intensiv mit ihren Gefühlen auseinandergesetzt oder ihre Reaktionen kritisch hinterfragt. Doch diese Selbstkenntnis ist unerlässlich, um sich selbst zu verstehen und ein klares Bild von sich zu gewinnen.

In diesem Kontext gewinnt das Thema emotionale Intelligenz besonders an Bedeutung. Laut aktuellen Statistiken sind Depressionen ein wachsendes Problem in Deutschland.

Im Jahr 2022 berichtete das Robert Koch-Institut (RKI), dass in Deutschland etwa 5,3 Millionen Menschen von einer diagnostizierten Depression betroffen sind. Diese Zahl verdeutlicht, wie verbreitet psychische Erkrankungen in der deutschen Bevölkerung sind und unterstreicht die Notwendigkeit, emotionale Intelligenz nicht nur als persönliche, sondern auch als berufliche Kompetenz zu betrachten.

Die Fähigkeit zur Selbstreflexion und das Bewusstsein für die eigenen emotionalen Zustände tragen dazu bei, ein besseres Verständnis für sich selbst zu entwickeln und die eigene Resilienz zu stärken. Durch regelmäßige Reflexion und gezielte Auseinandersetzung mit den eigenen Gefühlen kannst du nicht nur deine emotionale Stabilität verbessern, sondern auch deine Führungskompetenzen weiterentwickeln.

## Die Elemente der emotionalen Intelligenz

Emotionale Intelligenz umfasst vier wesentliche Elemente:

1. **Selbstwahrnehmung**
2. **Selbstregulation**
3. **Motivation**
4. **Empathie**

## Das 1. Element: Deine Selbstwahrnehmung

Das D.I.S.G.-Modell ist eine wertvolle Methode zur Selbstwahrnehmung und Selbsterkenntnis, das dir hilft, deine Verhaltens- und Reaktionsmuster besser zu verstehen. Es unterteilt Persönlichkeiten in vier Haupttypen:

- Dominanz (D)
- Initiative (I)
- Stetigkeit (S)
- Gewissenhaftigkeit (G)

Jeder Typ hat spezifische Eigenschaften, die beeinflussen, wie du auf verschiedene Situationen reagierst und wie du deine Emotionen wahrnimmst. Menschen sind in der Regel Mischtypen dieser vier Typen, wobei meist ein oder zwei dieser Typen stärker ausgeprägt sind als die anderen. Um herauszufinden, welchem Typus du am ehesten entsprichst, kannst du dich jetzt selbst reflektieren:

## Dominanz (D)

Menschen mit einem hohen Anteil des dominanten Typs neigen dazu, zielorientiert und durchsetzungsstark zu sein. Sie sind oft entschlossen und direkt, was ihnen hilft, Herausforderungen erfolgreich zu bewältigen. Emotionale Reaktionen sind bei ihnen häufig impulsiv und stark auf das Erreichen von Ergebnissen fokussiert. Typisches Verhalten eines Dominanz-Typs umfasst folgende Muster:

- Sie treffen rasch Entscheidungen und handeln schnell, ohne lange zu zögern.

- Sie setzen ihre Ziele konsequent durch, auch bei Widerstand oder Meinungsverschiedenheiten.

- Ihr Hauptaugenmerk liegt auf dem Erreichen konkreter Ergebnisse und dem Messen von Erfolg an den erzielten Resultaten.

- Sie drücken ihre Gedanken und Bedürfnisse klar und unverblümt aus, bevorzugen eine offene und ehrliche Kommunikation.

- Bei Konflikten neigen sie dazu, schnell und intensiv emotional zu reagieren. Sie können sich leicht aufregen und zeigen eine hohe Leidenschaft in der Auseinandersetzung. Ihre emotionale Reaktion ist oft direkt und kraftvoll, wobei sie ihre Argumente vehement vertreten und darauf bestehen, Lösungen zügig und entschlossen umzusetzen. Ihre Impulsivität kann dazu führen, dass sie in hitzigen Momenten weniger Geduld zeigen oder weniger sensibel für die Emotionen anderer sind.

### Initiative (I)

Der Initiativtyp ist oft kommunikativ, enthusiastisch und inspirierend. Menschen dieses Typs haben eine ausgeprägte Fähigkeit zur Motivation und zum Aufbau von Beziehungen. Ihre emotionalen Reaktionen sind häufig von Leidenschaft und Optimismus geprägt. Typisches Verhalten eines Initiativ-Typs umfasst folgende Muster:

- Sie zeigen hohe Begeisterung und Energie, insbesondere bei neuen Projekten oder Ideen.

- Sie begeistern andere durch ihre offene und lebhafte Art der Kommunikation.

- Sie knüpfen und pflegen schnell Kontakte und haben ein starkes Netzwerk.

- Bei Konflikten reagieren sie oft emotional und impulsiv. Ihre Reaktionen sind von Leidenschaft und Optimismus geprägt, was dazu führen kann, dass sie Konflikte mit viel Energie angehen und versuchen, Lösungen schnell und kreativ zu finden. Sie haben möglicherweise Schwierigkeiten, wenn die Konflikte länger andauern oder zu viel Widerstand bieten, da sie sich leicht frustriert fühlen können, wenn ihre Bemühungen nicht sofort Erfolg zeigen.

### Stetigkeit (S)

Stetige Typen sind zuverlässig, geduldig und gut darin, stabile Beziehungen aufzubauen. Sie reagieren auf Stress oft mit Rückzug und bevorzugen eine harmonische Umgebung. Ihre emotionale Stabilität ist hoch, sie haben jedoch möglicherweise Schwierigkeiten mit plötzlichen Änderungen. Typisches Verhalten eines Stetigkeit-Typs umfasst folgende Muster:

- Sie sind konstant und vertrauenswürdig in ihren Verpflichtungen und Beziehungen.
- Sie gehen geduldig mit anderen um und bleiben ruhig, auch in stressigen Situationen.
- Sie bevorzugen eine ruhige und stabile Umgebung ohne plötzliche Veränderungen.
- Bei Konflikten neigen sie dazu, sich zurückzuziehen oder zu vermeiden, direkt konfrontiert zu werden. Ihre emotionale Reaktion ist oft zurückhaltend und besonnen, wobei sie versuchen, Spannungen zu minimieren und eine friedliche Lösung zu finden. Sie können Schwierigkeiten haben, sich schnell auf Veränderungen einzustellen oder sich gegen unerwartete Konflikte durchzusetzen, was zu innerer Unruhe führen kann.

### Gewissenhaftigkeit (G)

Gewissenhafte Menschen sind detailorientiert, organisiert und präzise. Sie legen großen Wert auf Genauigkeit und Konsistenz. Ihre emotionalen Reaktionen sind oft durch eine sorgfältige Analyse und eine Neigung zur Perfektion geprägt. Typisches Verhalten eines Gewissenhaftigkeit-Typs umfasst folgende Muster:

- Sie achten auf Genauigkeit und Perfektion in ihrer Arbeit und ihren Aufgaben.

- Sie planen und strukturieren ihre Arbeit sorgfältig, um Effizienz und Ordnung zu gewährleisten.

- Sie streben nach Genauigkeit und Konsistenz in allem, was sie tun.

- Bei Konflikten reagieren sie häufig analytisch und zurückhaltend. Ihre emotionale Reaktion ist von einer gründlichen Analyse geprägt, wobei sie versuchen, alle Aspekte des Problems zu verstehen, bevor sie handeln. Sie neigen dazu, Konflikte durch detaillierte Planung und rationale Argumente anzugehen. Emotionale Überreaktionen werden vermieden, da sie ihre Emotionen oft kontrollieren und ihre Reaktionen auf Grundlage sorgfältiger Überlegungen steuern.

Durch die Kenntnis deines D.I.S.G.-Typus kannst du deine Emotionen besser einordnen und bewusster auf verschiedene Situationen reagieren. Dies führt zu einer verbesserten Selbstwahrnehmung und hilft dir, in stressigen oder herausfordernden Situationen rationaler und zielgerichteter zu handeln.

## Das 2. Element: Deine Selbstregulation

Selbstregulierung ist ein weiterer Bestandteil der emotionalen Intelligenz, die dir als Führungskraft hilft, deine Emotionen in schwierigen Situationen zu steuern und klare, rationale Entscheidungen zu treffen. Diese Fähigkeit ist nicht nur eine Frage des Charakters, sondern kann durch bewusste Übung und praktische Techniken gezielt gestärkt werden.

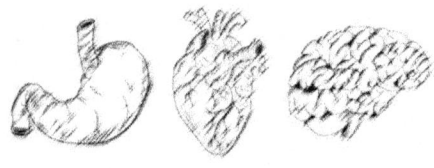

Unser Handeln wird stark von den Signalen beeinflusst, die wir aus drei unterschiedlichen *„Zentren"* unseres Körpers erhalten:

**Der Bauch (Intuition):** Der Bauch steht für unsere instinktive Reaktion und Intuition. Diese Intuition speist sich aus früheren Erfahrungen und unbewussten Eindrücken. Sie liefert schnelle Antworten in stressigen Situationen, die allerdings nicht immer die besten sind. Es ist daher wichtig, das Bauchgefühl als einen ersten Hinweis zu sehen, der durch eine bewusste Selbstreflexion überprüft werden sollte.

**Das Herz (Emotionen):** Das Herz symbolisiert unsere Emotionen, die uns zeigen, was uns wirklich bewegt. Emotionen können uns antreiben und motivieren, gleichzeitig aber auch überwältigen und unsere Urteilsvermögen beeinträchtigen.

Es ist wichtig, Emotionen zu erkennen und zu verstehen, ohne sie jedoch außer Kontrolle geraten zu lassen. So bewahrst du die Balance und triffst überlegte Entscheidungen.

**Der Kopf (Rationalität):** Der Kopf repräsentiert unser analytisches Denken. Er hilft uns, Situationen zu analysieren, Risiken abzuwägen und fundierte Entscheidungen zu treffen. Der Kopf sollte letztendlich die Informationen des Bauchs und des Herzens abwägen und in eine durchdachte Entscheidung überführen.

Die Kunst der Selbstregulierung liegt darin, diese drei Impulsgeber in Balance zu bringen und ihre Signale bewusst zu steuern, um zu einer Entscheidung zu gelangen, die sowohl emotional als auch rational im Einklang steht.

### Cool bleiben, stark handeln

Konflikte sind oft emotionale Herausforderungen, die unsere Fähigkeit testen, sachlich und respektvoll zu bleiben. In solchen Momenten ist emotionale Intelligenz entscheidend, um angemessen und lösungsorientiert zu reagieren. Es ist wichtig, die eigenen Emotionen zu kontrollieren und die Gefühle anderer zu erkennen. Durch überlegte und gezielte Äußerungen kannst du Konflikte konstruktiv lösen.

Resilienz bedeutet nicht nur, sich von Rückschlägen schnell zu erholen, sondern auch, flexibel auf Veränderungen reagieren zu können. In stressigen oder konfliktbeladenen Situationen ist es oft erforderlich, eine selbstlose Haltung einzunehmen, um das größere Ganze im Blick zu behalten.

Dies kann bedeuten, dass du deine eigenen Bedürfnisse und Prioritäten zeitweise zurückstellst, um eine langfristig positive Lösung zu erreichen.

Oft erfordert Resilienz die Fähigkeit, Konflikte, die keinen produktiven Nutzen bringen, hinter sich zu lassen. Wenn du merkst, dass eine Diskussion oder Auseinandersetzung festgefahren ist und keine Aussicht auf eine konstruktive Lösung besteht, kann es ratsam sein, diese Situation loszulassen. Das bedeutet, dass du nicht weiter in den Konflikt investierst, der nur Energie und Zeit kostet, ohne Fortschritt zu bringen.

Es ist auch wichtig, sich daran zu erinnern, dass andere Menschen, auch wenn sie sich unprofessionell oder respektlos verhalten, letztlich nur Menschen mit eigenen Schwächen und Unsicherheiten sind. Lass dich nicht von ihrem Verhalten herabziehen oder provozieren. Stattdessen solltest du deine eigene Haltung bewahren und dich nicht auf respektloses Verhalten einlassen. Indem du ruhig und sachlich bleibst, stärkst du nicht nur deine eigene Resilienz, sondern trägst auch zu einem positiven und respektvollen Miteinander bei. Das Loslassen von unnötigen Konflikten und das Vermeiden von emotionalen Auseinandersetzungen kann dir helfen, deine Energie besser zu nutzen und dich auf produktive Aufgaben zu konzentrieren.

Hier sind 10 Sätze, die dir helfen sollen, Konflikte respektvoll und konstruktiv zu lösen:

1. „Ich verstehe, dass wir unterschiedliche Perspektiven haben. Lass uns die Kernpunkte des Problems klären und gemeinsam nach einer Lösung suchen."

2. „Ich fühle mich gestresst von der aktuellen Situation. Es wäre gut, wenn wir in Ruhe und respektvoll sprechen könnten. Können wir eine kurze Pause machen und später weiterreden?"

3. „Ich höre deine Bedenken und nehme sie ernst. Lass uns die Punkte klären, bei denen wir uns nicht einig sind, und ich bin offen für Kompromisse."

4. „Mir ist bewusst, dass die Situation emotional aufgeladen ist. Ich möchte sicherstellen, dass wir sachlich bleiben und gemeinsam eine faire Lösung finden."

5. „Es ist mir wichtig, dass wir das Gespräch konstruktiv führen. Ich werde darauf achten, dass wir beide zu Wort kommen und respektvoll miteinander umgehen."

6. „Ich erkenne, dass dieses Thema uns beide bewegt. Lass uns ruhig und klar unsere Standpunkte erläutern, um besser zu verstehen, wo wir uns unterscheiden und wie wir darauf eingehen können."

7. „Ich schätze deinen Beitrag und möchte, dass wir unsere Sichtweisen ohne Vorurteile oder aggressive Töne austauschen. Gemeinsam können wir hoffentlich eine Einigung finden."

8. „Meine Absicht ist es, diesen Konflikt auf eine für uns beide akzeptable Weise zu lösen. Ich werde darauf achten, dass meine Worte konstruktiv und respektvoll sind, damit wir einen produktiven Dialog führen können."

9. „Ich merke, dass wir uns in einem emotionalen Moment befinden. Lassen wir uns bitte auf die Fakten konzentrieren und unsere Emotionen beiseitelegen, um eine Lösung zu finden."

10. „Ich bin bereit zuzuhören und zu verstehen, was für dich wichtig ist, und hoffe, dass wir beide offen und ehrlich bleiben, um ein gemeinsames Verständnis zu erreichen."

Um weiterhin die Selbstregulierung in stressigen Situationen zu verbessern, können folgende Methoden und Techniken eingesetzt werden:

### Atemtechniken zur Beruhigung:

Wenn du dich angespannt fühlst, nimm dir bewusst Zeit, tief durchzuatmen. Atme langsam durch die Nase ein und durch den Mund aus, während du bis vier zählst. Wiederhole dies mehrmals. Tiefes Atmen beruhigt deinen Körper, senkt deinen Herzschlag und verschafft dir einen Moment der Ruhe. Dadurch wird deine emotionale Reaktion gemildert und dein Kopf bekommt die Gelegenheit, klar zu denken.

### Die 5-4-3-2-1-Methode zur Erdung:

Wenn du merkst, dass deine Emotionen die Kontrolle übernehmen, benenne fünf Dinge, die du siehst, vier Dinge, die du hörst, drei Dinge, die du fühlst (wie deine Füße auf dem Boden), zwei Dinge, die du riechst, und eine Sache, die du schmeckst. Diese Technik erdet dich im Hier und Jetzt, lenkt deine Aufmerksamkeit von der stressigen Situation ab und verschafft dir Raum für eine überlegte Reaktion.

### Kognitive Umstrukturierung:

In emotional aufgeladenen Situationen hinterfrage deine Gedanken: *„Ist diese Einschätzung wirklich korrekt? Gibt es auch eine andere Sichtweise?"* Suche nach rationalen Gründen, warum deine ursprüngliche Emotion möglicherweise übertrieben ist. Diese Technik hilft dir, verzerrte oder negative Denkmuster zu durchbrechen und eine objektivere, klarere Sichtweise zu gewinnen.

### Verzögerungstechnik:

Wenn du vor einer wichtigen Entscheidung stehst und emotional aufgewühlt bist, lege eine bewusste Pause ein, bevor du handelst. Sage dir selbst: *„Ich werde 10 Minuten warten, bevor ich eine Entscheidung treffe."* Diese kurze Pause verhindert oft impulsives Handeln. Sie gibt dir Zeit, die Situation durchzudenken und eine wohlüberlegte Entscheidung zu treffen.

### Nutzung von Körperhaltung und Bewegung:

Verändere bewusst deine Körperhaltung, um deine Emotionen zu beeinflussen. Stehe aufrecht, atme tief ein und bewege dich, wenn nötig. Ein kurzer Spaziergang kann ebenfalls Wunder wirken. Körperliche Veränderungen beeinflussen direkt dein emotionales Befinden. Eine selbstbewusste Körperhaltung oder Bewegung hilft, Stress abzubauen und einen klaren Kopf zu bewahren.

Die Selbstregulierung ist eine erlernbare Fähigkeit, die dir hilft, auch unter Druck ruhig und überlegt zu handeln. Wenn du die Signale von Bauch, Herz und Kopf bewusst wahrnimmst und regulierst, kannst du deine emotionale Balance halten und deine Resilienz stärken. Dadurch werden Konflikte und Herausforderungen zu Gelegenheiten, deine Führungsstärke zu zeigen und selbst in schwierigen Zeiten souverän und respektvoll zu bleiben.

## Das 3. Element: Deine Motivation

Motivation ist eine weitere Komponente der emotionalen Intelligenz, die dir hilft, kontinuierlich an deinen Zielen festzuhalten und Herausforderungen erfolgreich zu meistern. Wie bereits im Kapitel *„Konflikte erfolgreich entschärfen"* erwähnt, beschreibt Motivation die Art und Weise, wie wir ein Motiv oder einen Beweggrund in die Tat umsetzen.

Die Motivation ist wie ein kraftvoller Motor, der dich auch in schwierigen Zeiten antreibt und dir hilft, engagiert und fokussiert zu bleiben. Die Fähigkeit, sich selbst immer wieder neu zu motivieren, ist besonders wichtig, um langfristig am Ball zu bleiben und seine Resilienz aufzubauen.

Um sich selbst konstant zu motivieren, können folgende Ansätze hilfreich sein:

### Ziele visualisieren

Stelle dir regelmäßig vor, wie es sich anfühlt, deine Ziele zu erreichen. Diese Vision hilft dir, deine Anstrengungen zu bündeln und die tägliche Arbeit im größeren Kontext zu sehen. Wenn du dir vorstellst, den Erfolg bereits erlebt zu haben, wird deine Motivation stark gesteigert. Es muss dabei nicht immer um große Lebensziele gehen. Auch kleine Ziele, wie der Moment, in dem du einen schwierigen Vertrag abschließt und die positive Rückmeldung deiner Vorgesetzten erhältst, können dir helfen, fokussiert und engagiert zu bleiben. Ein weiterer Ansatz ist es, deine Ziele zu visualisieren, indem du sie in Form eines Bildes darstellst und an einem gut sichtbaren Ort, beispielsweise an der Wand, aufhängst. Diese greifbare Erinnerung an das, worauf du hinarbeitest, kann deine Motivation stärken und dir helfen, auch in schwierigen Zeiten am Ball zu bleiben.

### Erfolge feiern

Belohne dich für deine Fortschritte, auch wenn sie klein erscheinen. Feiere Meilensteine, um dich selbst zu ermutigen und deinen Weg als Reihe von Erfolgen zu sehen. Wenn du zum Beispiel eine besonders herausfordernde Aufgabe erfolgreich gemeistert hast, gönn dir etwas, das dir Freude bereitet, sei es ein entspannendes Abendessen oder eine kleine Auszeit. Diese kleinen Feiern helfen dir, die Begeisterung aufrechtzuerhalten und geben dir immer wieder neue Energie.

### Tägliche Routinen etablieren

Entwickle Routinen, die dich jeden Tag an deine Ziele erinnern. Ein klar strukturierter Tag mit festen Zeiten für konzentriertes Arbeiten und persönliche Erholung hilft dir, motiviert und organisiert zu bleiben. Wenn du beispielsweise jeden Morgen eine kurze To-Do-Liste erstellst und abends deine Fortschritte reflektierst, bleibst du fokussiert und behältst deine Ziele im Blick.

### Sich selbst herausfordern

Setze dir regelmäßig neue, realistische Herausforderungen, um aus deiner Komfortzone herauszukommen. Diese Herausforderungen sollten fordernd, aber erreichbar sein.

Wenn du dir zum Beispiel vornimmst, eine neue Aufgabe zu übernehmen oder eine neue Fähigkeit zu erlernen, kannst du deine Komfortzone erweitern und dich kontinuierlich weiterentwickeln. So vermeidest du Langeweile und Routine.

**Den Zweck der Arbeit reflektieren**

Halte dir immer vor Augen, warum du diese Aufgabe überhaupt begonnen hast. Die Erinnerung an den tieferliegenden Zweck oder die Werte, die dir am Herzen liegen, kann dir helfen, auch in schwierigen Phasen motiviert zu bleiben. Wenn du beispielsweise weißt, dass dein Projekt dazu beiträgt, etwas Positives in der Welt zu bewirken, kannst du dich selbst in herausfordernden Zeiten motivieren. Es geht darum, den Sinn und die Bedeutung deiner Arbeit zu erkennen und zu spüren, dass dein Engagement einen Unterschied macht.

**Feedback einholen**

Hole dir regelmäßig Feedback, um zu sehen, wie gut du vorankommst. Konstruktives Feedback zeigt dir, wie deine Arbeit wahrgenommen wird und welche Verbesserungen möglich sind. Wenn du beispielsweise nach Abschluss eines Projekts Feedback von deinen Kollegen oder Vorgesetzten einholst, erhältst du wertvolle Einblicke, die dir helfen, dich weiterzuentwickeln und neue Motivation zu schöpfen.

**Gesunde Gewohnheiten pflegen**

Achte auf ausreichend Schlaf, gesunde Ernährung und regelmäßige Bewegung. Ein gesunder Körper unterstützt deine Motivation und dein Mindset.

Wenn du beispielsweise regelmäßig Sport treibst, gesunde Mahlzeiten zu dir nimmst und auf ausreichend Schlaf achtest, wirst du dich körperlich wohlfühlen und es fällt dir leichter, motiviert und produktiv zu bleiben.

## Das 4. Element: Deine Empathie

Die Empathie ist die letzte Schlüsselkomponente emotionaler Intelligenz und beschreibt die Fähigkeit, sich tief in die Gefühle und Perspektiven anderer Menschen hineinzuversetzen. Der Begriff *„Empathie"* stammt aus dem Griechischen *„empátheia"* und bedeutet so viel wie *„in die Gefühle eintauchen"*. Diese Fähigkeit ermöglicht es dir, die emotionalen Erfahrungen anderer nachzuvollziehen und besser zu verstehen. Dabei geht es weit über oberflächliches Mitgefühl hinaus und erfordert echtes Verständnis und eine tiefe emotionale Verbindung.

Um deine Empathie zu stärken, ist es hilfreich, dich aktiv mit den Gefühlen und Perspektiven anderer auseinanderzusetzen. Ein guter Start ist aktives Zuhören. Schenke deinem Gesprächspartner deine volle Aufmerksamkeit und nimm die emotionalen Nuancen in seinen Worten wahr. Wenn jemand zum Beispiel über eine stressige Situation spricht, könntest du sagen: *„Es klingt, als ob das eine wirklich harte Zeit für dich war. Ich verstehe, warum du so belastet bist."*

Ein weiterer hilfreicher Ansatz ist das Stellen offener Fragen. Frage Dinge wie: *„Was genau macht dich in dieser Situation so unwohl?"* oder *„Wie fühlt es sich für dich an, das durchzumachen?"* Solche Fragen geben deinem Gegenüber die Möglichkeit, seine Gedanken und Gefühle detaillierter zu teilen und helfen dir, ein tieferes Verständnis für seine emotionale Lage zu entwickeln.

Es ist auch wichtig, emotionale Resonanz zu zeigen. Das bedeutet, dass du die Emotionen deines Gegenübers nachvollziehst, selbst wenn du sie nicht selbst erlebst. Wenn ein Kollege zum Beispiel frustriert über ein Projekt berichtet, könntest du sagen: *„Ich verstehe, dass das frustrierend sein muss. Ich sehe, wie viel Mühe du investierst, und es tut mir leid, dass du das durchmachen musst."*

Reflektiere auch deine eigenen Vorurteile. Versuche, deine Perspektive offen und ohne Filter zu halten, um die Sichtweise anderer Menschen besser zu verstehen. Wenn du bemerkst, dass deine eigenen Überzeugungen deine Wahrnehmung beeinflussen, nimm einen Schritt zurück und versuche, die Sichtweise des anderen neutral zu betrachten.

Achte auf nonverbale Signale wie Körpersprache, Gesichtsausdrücke und Tonfall. Ein herunterhängender Kopf oder ein angespannter Gesichtsausdruck kann auf Stress oder Unzufriedenheit hinweisen, auch wenn die verbale Kommunikation etwas anderes sagt.

Teile eigene Erfahrungen, um eine tiefere emotionale Verbindung aufzubauen. Wenn du ähnliche Herausforderungen oder Erlebnisse hattest, kann das Teilen dieser Erfahrungen helfen, besser zu verstehen, was der andere durchmacht. Zum Beispiel könntest du sagen: *„Ich habe etwas Ähnliches erlebt und weiß, wie schwer das sein kann. Es war für mich eine echte Herausforderung."*

Empathie ist mehr als nur eine zwischenmenschliche Fähigkeit, Sie ist ein Charaktereigenschaft. Sie fördert erfolgreiche und harmonische Beziehungen, sowohl privat als auch beruflich. Durch aktives Zuhören, offene Fragen, emotionale Resonanz und das Reflektieren eigener Vorurteile kannst du deine empathischen Fähigkeiten kontinuierlich verbessern.

Hier sind weitere 10 Sätze, die dir dabei helfen können, empathisch zu kommunizieren:

1. *„Ich kann sehen, dass dir diese Situation wirklich zu schaffen macht. Wie kann ich dir am besten helfen?"*

2. *„Es tut mir leid zu hören, dass du gerade so eine schwere Zeit durchmachst. Was wäre dir in diesem Moment am meisten hilfreich?"*

3. *„Ich merke, dass du dich über das Thema ärgerst. Kannst du mir mehr darüber erzählen, was dich so aufgebracht hat?"*

4. *„Ich verstehe, dass du dich in dieser Situation besonders gestresst fühlst. Was glaubst du, könnte die Situation für dich erleichtern?"*

5. *„Deine Gedanken und Gefühle sind wichtig. Ich möchte sicherstellen, dass ich dich richtig verstehe. Kannst du mir mehr über deine Sichtweise sagen?"*

6. *„Es scheint, als ob du mit vielen Herausforderungen kämpfst. Ich bewundere deine Stärke und möchte wissen, wie ich dich unterstützen kann."*

7. *„Wenn ich in deiner Situation wäre, könnte ich mich auch so fühlen. Was kann ich tun, um dir diese Last etwas zu erleichtern?"*

8. *„Ich erkenne, wie viel Mühe du in dieses Projekt investierst. Wie fühlst du dich dabei, und wie können wir zusammenarbeiten, um das Beste daraus zu machen?"*

9. *„Es klingt, als ob du in dieser Angelegenheit wirklich viel durchgemacht hast. Ich bin hier, um zuzuhören, wenn du darüber sprechen möchtest."*

10. *„Ich sehe, wie stark dich dieses Problem beschäftigt. Was können wir gemeinsam tun, um diese Situation zu verbessern?"*

Emotionale Intelligenz ist mehr als nur ein abstrakter Begriff. Emotionale Intelligenz hilft uns, in einer zunehmend komplexen und herausfordernden Welt resilient zu bleiben. Indem wir die vier Elemente der emotionalen Intelligenz nutzen, können wir nicht nur unsere eigene Widerstandsfähigkeit stärken, sondern auch ein unterstützendes Umfeld für andere schaffen.

*Es gibt nur eine falsche Sicht der Dinge.*
*Der Glaube, meine Sicht sei die einzig richtige*

Zitat von Nagarjuna

# Die Magie positiver Psychologie

Ich möchte dieses Kapitel mit einem bekannten Sprichwort einleiten: *„Der Wille kann Berge versetzen."* Der Glaube an sich selbst und ein starker Wille sind oft unterschätzte Kräfte, die jedoch eine erstaunliche Wirkung haben. Mit einer positiven Einstellung und festem Selbstbewusstsein kannst du auch die größten Herausforderungen bewältigen und Hindernisse überwinden, die zunächst unüberwindbar scheinen.

Selbstbewusstsein bedeutet dabei nicht, sich durch auffällige Statussymbole wie Luxusuhren oder teure Autos hervorzuheben. Vielmehr geht es darum, ein tiefes Verständnis für deine eigenen Stärken und Schwächen zu entwickeln. Es bedeutet, zu wissen, wer du wirklich bist, welche Fähigkeiten in dir schlummern und wie du diese gezielt einsetzen kannst.

Die Positive Psychologie konzentriert sich auf die Aspekte des Lebens, die Freude und Zufriedenheit fördern. Sie bietet dir Perspektiven, um dein Leben erfüllender zu gestalten und deine Leistungsfähigkeit zu steigern. Im Wesentlichen geht es darum, positive Emotionen in deinem Mindset fest zu verankern, deine Stärken zu nutzen und ein Leben zu führen, das nicht nur von äußerem Erfolg, sondern auch von innerer Zufriedenheit geprägt ist.

Ein zentraler Bestandteil der Positiven Psychologie ist die Kraft positiver Gedanken. Durch eine optimistische Denkweise lernst du, Herausforderungen als Chancen zu sehen und nicht als unüberwindbare Hindernisse. Positive Gedanken helfen dir, das Beste aus jeder Situation herauszuholen und dein Potenzial voll auszuschöpfen. Diese Herangehensweise fördert deine Resilienz, also deine Fähigkeit, dich von Rückschlägen schnell zu erholen und gestärkt daraus hervorzugehen.

## Die Macht positiver Gedanken

Positive Gedanken haben einen tiefgreifenden Einfluss auf dein Leben, oft stärker, als du vielleicht denkst. Sie können deine Wahrnehmung der Welt verändern und deine Reaktionen auf Herausforderungen verbessern. Wenn du bewusst darauf achtest, die positiven Aspekte einer Situation zu fokussieren, anstatt dich auf das Negative zu konzentrieren, wirst du in der Lage sein, Herausforderungen zu meistern, die dir zuvor unlösbar erschienen.

Ein wirklich beeindruckendes Beispiel für die Kraft des Glaubens an sich selbst und positiver Gedanken in einer scheinbar aussichtslosen Situation ist die Geschichte von Aron Ralston.

**Hier ist seine Geschichte:**

Am 26. April 2003 machte sich der Bergsteiger und Abenteurer Aron Ralston auf zu einer Solo-Wanderung im abgelegenen Blue John Canyon in Utah, USA. Ralston, der die Einsamkeit und die Herausforderungen der Natur suchte, war gewohnt, allein zu wandern, doch an diesem Tag sollte das Schicksal einen dramatischen Verlauf nehmen. Während er durch die engen, steilen Schluchten des Canyons kletterte, löste sich plötzlich ein massiver Felsbrocken über ihm. Der Stein stürzte unkontrolliert herab und traf Ralstons rechten Arm mit voller Wucht, sodass dieser zwischen dem Felsen und der Canyonwand eingeklemmt wurde.

Er war allein in einer abgelegenen Gegend ohne Handyempfang und ohne Aussicht auf sofortige Hilfe. Die Situation war extrem aussichtslos. Er war in einem engen Canyon gefangen und konnte sich nicht befreien. Nach fünf Tagen des Überlebenskampfs, nachdem er seine Vorräte aufgebraucht hatte und völlig erschöpft war, wusste Ralston, dass ihm nur noch eine drastische Maßnahme blieb, um zu überleben.

Ralston entschloss sich, eine Selbstamputation vorzunehmen. Mit einem einfachen Multitool und unvorstellbarem Mut und Entschlossenheit schnitt er seinen eingeklemmten Arm ab, um sich aus der misslichen Lage zu befreien. Nach der Amputation musste er noch mehrere Kilometer durch schwieriges Gelände wandern, um Hilfe zu finden. Schließlich wurde er von einer Gruppe Wanderer entdeckt und gerettet.

Seine Geschichte ist nicht nur ein Zeugnis körperlichen Überlebens, sondern auch ein beeindruckendes Beispiel für den Glauben an sich selbst und die Kraft positiver Gedanken. Trotz der extremen Ausweglosigkeit der Situation blieb er auf sein Überleben fokussiert und gab nicht auf. Seine mentale Stärke und seine Fähigkeit, sich selbst zu motivieren, waren entscheidend für sein Überleben.

Seine Geschichte wurde im Buch „*Between a Rock and a Hard Place*" und dem darauf basierenden Film „*127 Hours*" dokumentiert.

Die Geschichte von Aron Ralston ist ein Extrembeispiel. Es zeigt, wie das Überleben in extremen Situationen außergewöhnliche Kräfte freisetzen kann. Sie verdeutlicht, dass unter extremem Druck Menschen oft Fähigkeiten entwickeln, die sie zuvor für unmöglich hielten.

Natürlich haben Gedanken, die auf das eigene Überleben abzielen, eine ganz andere Intensität als solche, die auf persönliche Entwicklung ausgerichtet sind. In extremen Situationen wird der Überlebensgedanke zur höchsten Priorität, während Entwicklungsziele oft weniger dringlich erscheinen.

Doch wie kannst du diese Denkweise auch in weniger kritischen Momenten nutzen? Wie entwickelst du kraftvolle Überzeugungen, die dich motivieren, über deine Grenzen hinauszugehen, selbst wenn du nicht in einer akuten Notlage bist? Die Antwort findest du in deiner inneren Einstellung.

*„Was motiviert dich jeden Tag aufs Neue?"*

*„Welcher Gedanke erfüllt dein Herz mit Wärme und zaubert dir ein Lächeln ins Gesicht?"*

*„Wie gehst du mit Rückschlägen um, und welche Gedanken helfen dir, wieder aufzustehen und weiter zu machen?"*

*„Was ist der wahre Grund, warum du deine Ziele erreichen möchtest?"*

*„In welchen Momenten fühlst du dich am lebendigsten?"*

*„Was ist das größte Hindernis, das du dir selbst in den Weg stellst?"*

## Die innere Zufriedenheit

Zufriedenheit ist ein Zustand des Seins, der oft schwer zu fassen ist und noch schwieriger zu beschreiben. Sie ist eine innere Erfahrung, die jeder für sich selbst definieren und erleben muss. Während äußere Umstände und materielle Güter sicherlich Einfluss auf unser Wohlbefinden haben können, liegt die wahre Zufriedenheit oft in den inneren Einstellungen und der Perspektive, die wir auf unser Leben einnehmen.

Innerer Frieden und Zufriedenheit sind keine Zustände, die wir von außen erhalten können. Vielmehr sind sie das Ergebnis einer bewussten Entscheidung darüber, wie wir unser Leben betrachten. Zufriedenheit ist keine flüchtige Emotion, sondern ein dauerhafter Zustand des Wohlbefindens. Sie entsteht aus der Akzeptanz unserer aktuellen Lebenssituation und dem Gefühl, dass das Leben in seiner gegenwärtigen Form erfüllend ist.

Das Wort *„Zufriedenheit"* trägt im Kern das Wort *„Frieden"* in sich, was darauf hinweist, dass wahre Zufriedenheit eine tiefe innere Ruhe und Gelassenheit umfasst. Diese Art von Frieden kommt nicht von äußeren Umständen, sondern aus einer inneren Harmonie, die sich entwickelt, wenn wir unsere Situation annehmen und unser Leben in seiner jetzigen Form als erfüllend empfinden. Zufriedenheit bedeutet also, dass wir einen inneren Zustand erreichen, in dem wir mit dem, was wir haben, im Reinen sind und inneren Frieden finden.

Diese Erkenntnis wird oft besonders deutlich, wenn wir uns mit Menschen oder Kulturen vergleichen, die uns scheinbar weniger materielle Annehmlichkeiten bieten, aber dennoch eine tiefgreifende Zufriedenheit ausstrahlen.

Eine solche Erfahrung machte ich 2016 während meiner Reise durch Thailand. Dort lernte ich das Land und seine Menschen auf eine Weise kennen, die mein Verständnis von Zufriedenheit grundlegend veränderte.
Die Menschen lebten oft unter einfachen Bedingungen und in bescheidenen Verhältnissen, aber ihre Lebensweise war von einer bemerkenswerten Ruhe und Zufriedenheit geprägt.

Trotz der bescheidenen Lebensumstände wirkten die Menschen in Thailand auf eine Weise zufrieden, die weit über das hinausging, was ich in meinem Umfeld in Deutschland beobachten kann. In Deutschland erlebe ich oft eine allgemeine Unzufriedenheit. Viele Menschen scheinen sich ständig mit anderen zu messen, ihre Errungenschaften zu präsentieren und sind selten mit dem zufrieden, was sie haben. Der ständige Vergleich mit anderen führt häufig zu einem Gefühl der Unzufriedenheit, obwohl wir materiell gesehen vieles besitzen.

Wahre Zufriedenheit wird nicht durch äußeren Luxus oder materielle Güter bestimmt. Sie ist vielmehr eine Frage der inneren Haltung und des persönlichen Friedens. Zufriedenheit ist letztlich ein Geschenk, das wir uns selbst machen können, indem wir unser Leben aus einer positiven und dankbaren Perspektive betrachten. Wenn du für das, was du hast,

Dankbarkeit empfindest und mit dem, was du bereits erreicht hast, zufrieden bist, kann sich der materielle Erfolg oft ganz von selbst einstellen. Eine innere Haltung der Dankbarkeit und Zufriedenheit zieht oft weitere positive Entwicklungen und Erfolge nach sich, weil sie dir hilft, mit Klarheit und Gelassenheit an deinen Zielen zu arbeiten.

## Im Zwiespalt: Zufriedenheit oder mehr wollen

Zufriedenheit und der Wunsch nach *„mehr"* stehen oft im Spannungsfeld miteinander. Während Zufriedenheit ein Gefühl der Erfüllung und des Friedens vermittelt, treibt uns der Wunsch nach mehr oft an, über das Hier und Jetzt hinauszublicken und nach größeren Zielen zu streben. Doch wie unterscheidet sich diese Sehnsucht nach *„mehr"* von der Zufriedenheit, und wie beeinflusst sie unser Leben?

Der Unterschied zwischen Zufriedenheit und dem Wunsch nach mehr ist nicht einfach eine Frage des *„Entweder-oder"*. Vielmehr handelt es sich um zwei unterschiedliche Lebensansätze, die sich gegenseitig beeinflussen können. Zufriedenheit bedeutet, den aktuellen Moment zu akzeptieren und zu schätzen, ohne das ständige Bedürfnis nach Veränderung zu verspüren. Es ist ein inneres Gefühl der Ruhe, das unabhängig von äußeren Umständen bestehen kann. Zufriedenheit kann als eine stabile Grundlage gesehen werden, auf der wir unser Leben aufbauen.

Ein Beispiel hierfür ist die Geschichte eines alten Mannes, der sein ganzes Leben in einem kleinen Dorf verbracht hat. Er besaß nur wenig materiellen Reichtum, lebte aber ein zufriedenes und erfülltes Leben. Die Dorfbewohner fragten ihn oft, warum er nie den Wunsch hatte, das Dorf zu verlassen oder mehr zu erreichen. Der alte Mann antwortete stets, dass er alles hatte, was er brauchte: ein Dach über dem Kopf, Nahrung auf dem Tisch und die Liebe seiner Familie.

Seine Zufriedenheit lag nicht in dem, was er besaß, sondern in dem, wie er das Leben wahrnahm. Er verstand, dass wahres Glück nicht von äußeren Erfolgen, sondern von innerem Frieden abhängt.

Auf der anderen Seite steht der Wunsch nach *„mehr"*. Dieser natürliche Drang, der in uns allen steckt, treibt uns dazu an, neue Herausforderungen anzunehmen, unsere Fähigkeiten weiterzuentwickeln und unser Potenzial voll auszuschöpfen. Dieser Antrieb kann uns helfen, innovative Ideen zu entwickeln, berufliche Erfolge zu erzielen und persönliche Ziele zu erreichen.

Doch dieser Wunsch nach *„mehr"* birgt auch Gefahren. Wenn dieser Wunsch nicht im Einklang mit innerer Zufriedenheit steht, kann er zu einem Zustand ständiger Unzufriedenheit führen. Wir können uns dabei verlieren, immer nach dem nächsten Erfolg zu streben, ohne die Erfolge und Fortschritte, die wir bereits erreicht haben, wertzuschätzen.

Das Geheimnis liegt in der Balance zwischen der inneren Zufriedenheit und dem Streben nach mehr. Diese beiden Aspekte müssen sich nicht widersprechen, sondern können sich gegenseitig ergänzen. Zufriedenheit ermöglicht es uns, den gegenwärtigen Moment zu genießen und Dankbarkeit für das, was wir bereits haben, zu empfinden. Gleichzeitig kann der Wunsch nach mehr uns motivieren, unsere Komfortzone zu verlassen und neue Wege zu erkunden.

Die Kunst besteht darin, den richtigen Zeitpunkt zu erkennen, um innezuhalten und die Ergebnisse deiner Bemühungen zu genießen, sowie den Moment zu finden, um neue Herausforderungen anzunehmen. Wenn du vergisst, den Erfolg deiner Arbeit zu würdigen und zu genießen, kannst du die Freude und den Nutzen verlieren, die dir deine Anstrengungen gebracht haben.

Gleichzeitig ist es wichtig, regelmäßig neue Herausforderungen anzunehmen, um nicht in eine Phase der Stagnation zu geraten. Ohne Weiterentwicklung und neue Ziele besteht die Gefahr, dass du dich von äußeren Umständen oder anderen abhängig machst, anstatt dein eigenes Wachstum voranzutreiben.

### Der Sprung ins kalte Wasser

Im Leben gibt es viele Wege, persönliches Wachstum zu fördern und sich weiterzuentwickeln. Eine der kraftvollsten Methoden, um die eigene Komfortzone zu verlassen, ist der sogenannte Sprung ins kalte Wasser. Diese Metapher beschreibt das bewusste Eintauchen in unbekannte, herausfordernde Situationen. Erst wenn du diesen Sprung wagst, wirst du die Kälte wirklich spüren – die Kälte symbolisiert dabei die Unsicherheit und das Unbekannte, das dich erwartet. Es ist ein Moment, in dem deine Komfortzone plötzlich wegfällt und du dich in einer neuen, möglicherweise unbequemen Realität wiederfindest.

Dieser Sprung ist eine starke Analogie zum echten Leben. Du stehst immer wieder vor Entscheidungen, die dein Leben prägen. Dabei hast nur du die Kontrolle darüber, wie du diese Herausforderungen angehst. Du allein kannst entscheiden, aus welcher Höhe du springst. Wählst du den sicheren Weg, bei dem du nur einen kleinen Schritt ins Unbekannte machst, oder springst du aus größerer Höhe, um dich einer intensiveren Herausforderung zu stellen? Ebenso bestimmst du, wie kalt das Wasser ist, das du betrittst: Gehst du es langsam an, um dich schrittweise an die neuen Bedingungen zu gewöhnen, oder wagst du den Sprung in eisige Tiefen, um deine Grenzen zu testen?

Du allein hast die Wahl, in welches Gewässer du eintauchst. Am Anfang mag es sinnvoll erscheinen, in einen flachen Tümpel zu springen – ein Gewässer, das überschaubar ist, in dem du schnell festen Boden unter den Füßen hast und bei dem das Ufer in Reichweite bleibt. Dieser Ansatz erlaubt es dir, erste Erfahrungen zu sammeln und dich an die Herausforderungen zu gewöhnen, ohne dich dabei allzu großen Risiken auszusetzen.

Aber was passiert, wenn du dich entscheidest, in den offenen Ozean zu springen? Der Ozean steht für die großen, unvorhersehbaren Herausforderungen des Lebens, wo hohe Wellen und unergründliche Tiefen auf dich warten. Hier ist die Unsicherheit groß, die Gefahren unvorhersehbar, und die Möglichkeit zu scheitern ist weitaus höher als im kleinen Tümpel.

Doch genau hier liegt das Potenzial für enormes persönliches Wachstum. Im Ozean wirst du gezwungen sein, all deine Fähigkeiten einzusetzen, um zu schwimmen und nicht unterzugehen.

Jede dieser Entscheidungen, ob du den sicheren Tümpel oder den riskanten Ozean wählst, lehrt dich wertvolle Lektionen. Im Tümpel lernst du, dich mit kleinen Schritten weiterzuentwickeln und Vertrauen in dich selbst zu gewinnen. Im Ozean hingegen wirst du mit den echten Herausforderungen des Lebens konfrontiert. Du lernst, mit Unsicherheiten umzugehen, deine Ängste zu überwinden und deine Fähigkeiten auf eine Weise zu nutzen, die du dir vorher vielleicht nicht zugetraut hättest.

Letztendlich liegt die Wahl bei dir. Du bestimmst, wie du deine Herausforderungen angehst und welche Risiken du bereit bist einzugehen.

Mit der Zeit wirst du feststellen, dass kein Gewässer dir mehr Angst einjagt, wenn du einmal den Mut gefunden hast, dich den großen Wellen des Lebens zu stellen. Mit jedem Sprung, den du wagst, wächst dein Vertrauen in deine eigenen Fähigkeiten, und du wirst lernen, kluge Entscheidungen zu treffen, die dich weiterbringen.

## Optimismus stärken

Optimismus ist mehr als nur eine positive Einstellung. Es ist eine kraftvolle Eigenschaft, die dein Leben erheblich verbessern kann. In der positiven Psychologie bedeutet Optimismus weit mehr als nur das Glas als halb voll statt als halb leer zu betrachten. Optimistische Menschen sehen Herausforderungen als Chancen und interpretieren Rückschläge als vorübergehende Hürden. Diese Denkweise beeinflusst nicht nur dein emotionales Wohlbefinden, sondern auch deine körperliche Gesundheit und Leistungsfähigkeit. Studien zeigen, dass Optimisten oft gesünder leben und besser mit Stress umgehen können, da ihre positive Sichtweise ihre Stressbewältigungsmechanismen stärkt.

Eine besonders wirkungsvolle Methode, um Optimismus zu entwickeln, ist die sogenannte Autosuggestion. Autosuggestion nutzt die Kraft der positiven Gedanken, indem du diese Gedanken bewusst und laut aussprichst. Diese Technik basiert auf der Idee, dass unsere Gedanken unser Verhalten und unsere Wahrnehmung beeinflussen können.
Durch regelmäßige Autosuggestion kannst du deine Denkmuster gezielt ändern und deine innere Haltung stärken.

Stell dir vor, du beginnst einen neuen, verantwortungsvollen Job, der mit großen Erwartungen verbunden ist. Der Anfang kann herausfordernd und anstrengend sein, bis du dich eingewöhnt und bewiesen hast, dass du der Aufgabe gewachsen bist.

Nutze die Autosuggestion, um dich auf deine neuen Herausforderungen vorzubereiten. Stell dich vor den Spiegel und formuliere klare, positive Aussagen über deine Fähigkeiten und Ziele. Sage dir beispielsweise: *„Ich habe die richtigen Fähigkeiten und vertraue darauf, dass ich diese Aufgabe erfolgreich meistern werde. Ich bin hier, weil ich genau die richtige Person für diese Position bin."* Auch wenn es anfangs etwas ungewohnt sein mag, vor dem Spiegel mit sich selbst zu sprechen und sich zu motivieren, wird dir diese Technik helfen, eine positive Einstellung zu entwickeln und dein Selbstbewusstsein zu stärken.

Wenn du regelmäßig positive Aussagen über dich und deine Fähigkeiten machst, trainierst du dein Unterbewusstsein, eine lösungsorientierte Denkweise zu entwickeln. Optimisten fokussieren sich darauf, Lösungen zu finden. Für nahezu jedes Problem gibt es einen Weg, der zu einer Lösung führt, und diese Haltung stärkt deine Resilienz. Wenn du weißt, dass es immer eine Lösung gibt, wirst du gelassener auf Probleme und Herausforderungen im Alltag reagieren.

Im Gegensatz dazu steht der Pessimist, der Skeptiker, der in schwierigen Situationen oft das Schlimmste erwartet und die Herausforderungen übermäßig dramatisiert oder als unüberwindbar darstellt. Diese negative Sichtweise kann dazu führen, dass Probleme größer erscheinen, als sie tatsächlich sind, und dass der Mut schwindet, aktiv nach Lösungen zu suchen.

Hier sind einige Beispiele für die unterschiedlichen Aussagen von Pessimisten und Optimisten:

Pessimist: *"Das wird sowieso schiefgehen."*
Optimist: *"Ich werde mein Bestes geben."*

Pessimist: *"Ich werde das nie schaffen."*
Optimist: *"Ich habe Vertrauen in meine Fähigkeiten, ich schaff das"*

Pessimist: *"Es gibt keine Hoffnung auf Besserung."*
Optimist: *"Jede Herausforderung bringt neue Chancen."*

Pessimist: *"Es ist zu spät, um noch etwas zu ändern."*
Optimist: *"Es ist nie zu spät, um etwas zu ändern."*


Dass ich ein großer Optimist bin, dürfte dich kaum überraschen. Diese Eigenschaft hat mir in meinem Leben schon unzählige Male geholfen, schwierige Situationen zu überwinden. Optimismus ist eine Haltung, die dir nicht nur in Krisenzeiten Klarheit verschafft, sondern auch in jeder Situation das Beste erkennen lässt. Es bedeutet nicht, die Augen vor Schwierigkeiten zu verschließen, sondern ihnen mit der Überzeugung entgegenzutreten, dass du die Kraft und die Fähigkeiten hast, sie zu bewältigen.

Einen ausgeglichenen Optimismus in dein Leben zu integrieren, bedeutet auch, proaktiv statt reaktiv zu handeln und Lösungen statt Probleme zu sehen. Mit dieser Einstellung wirst du erkennen, dass selbst die größten Hindernisse überwunden werden können.

Du lernst, Vertrauen in deine Fähigkeiten zu entwickeln und die Resilienz aufzubauen, die nötig ist, um auch langfristige Ziele zu erreichen.

Optimismus ist wie ein innerer Anker, der uns selbst in stürmischen Zeiten stabil hält und verhindert, dass wir abdriften. Der Schlüssel liegt darin, diesen Anker fest zu setzen und ihm auch in unsicheren Momenten zu vertrauen.

## Dein Anker

Du hast dir mein Buch gekauft, um mehr über erfolgreiche Konfliktbewältigung zu erfahren. Mein Ziel ist es, dass du den größtmöglichen Nutzen daraus ziehst und die vorgestellten Techniken, Strategien und Methoden wirkungsvoll anwenden kannst. Eine besonders effektive Methode zur Stärkung deiner Standhaftigkeit und Resilienz ist das Setzen eines mentalen Ankers.

Diese Anker-Technik kann dir helfen, dich mental aus unangenehmen und herausfordernden Konfliktsituationen zu befreien und einen inneren Ort der Ruhe zu finden, an dem du klare und rationale Entscheidungen treffen kannst. Diese Methode wird nicht nur von Psychologen in der Neuro-Linguistischen Programmierung verwendet, um verschiedene Verhaltensweisen zu verbessern, sondern ist auch bei erfolgreichen Sportlern weit verbreitet, um die Leistung zu steigern und mehr Resilienz zu entwickeln.

Sportler wie Bastian Schweinsteiger und Dirk Nowitzki haben sich diese Technik zunutze gemacht, um außergewöhnliche Leistungen zu erzielen. Schweinsteiger, der ehemalige Fußball-Weltmeister, hat in Interviews und Berichten darüber gesprochen, wie er mentale Anker-Techniken nutzt, um seine Konzentration in entscheidenden Momenten zu stärken, beispielsweise beim Schießen eines Elfmeters. Dirk Nowitzki, der Basketballspieler mit zahlreichen NBA-Rekorden, hat ebenfalls bestätigt, dass er mentale Anker verwendet, um seine Leistung zu verbessern und in stressigen Spielsituationen fokussiert zu bleiben.

Auch du kannst dir diese Technik zunutze machen, indem du dir einen mentalen Ort erschaffst und ihn durch eine körperliche Berührung aktivierst. Das kann beispielsweise das Berühren deines Daumens mit dem kleinen Finger oder ein sanftes Zwicken an einer bestimmten Stelle deines Körpers sein, etwas, das für dich ungewöhnlich ist und dazu dient, deinen Anker zu aktivieren und deinen mentalen Ort abzurufen, um die richtigen Entscheidungen zu treffen.

Der Ort, der Moment und die Erinnerung, die du mit dem Setzen des Ankers verknüpfst, sollten voller Glückseligkeit und Freude verbunden sein. Es sollte ein Ort sein, der sorgenfrei und wundervoll ist, ein Ort, den du gerne besuchst. So kannst du unbeschwert und ohne äußere Einflussfaktoren eine rationale und belastbare Haltung in stressigen Momenten einnehmen.

Bist du bereit, deinen Anker zu setzen?

Hier sind einige Fragen, die dir helfen können, den richtigen Ort für deinen Anker zu finden:

- **Welche Erinnerungen erfüllen dich mit tiefem Glück?** *Denke an einen besonderen Moment, der dir pure Freude gebracht hat. Was genau hat diesen Augenblick so unvergesslich gemacht? Überlege, welche spezifischen Details – wie der Ort, die Menschen oder die Ereignisse – zu deinem Glück beigetragen haben. Diese Details helfen dir, eine prägnante emotionale Verbindung zu schaffen.*

- **An welchem Ort hast du dich völlig frei und unbeschwert gefühlt?** *Visualisiere diesen Ort vor deinem inneren Auge. Was siehst du dort? Welche Geräusche hörst du, und welche Eindrücke nimmst du wahr? Versuche, das Gefühl der Freiheit und Ungezwungenheit, so lebendig wie möglich nachzuempfinden.*

- **Welche körperliche Berührung oder Geste empfindest du als besonders bedeutungsvoll?** *Überlege dir eine spezifische Berührung oder Geste, die du in stressigen Momenten anwenden kannst, um dich selbst zu beruhigen oder zu motivieren. Dies könnte eine ungewöhnliche, aber leicht umsetzbare Geste sein, wie das sanfte Berühren eines bestimmten Fingers oder ein kurzes Klopfen auf eine bestimmte Stelle deines Körpers. Diese Berührung sollte etwas sein, das für dich eine starke emotionale Bedeutung hat.*

- **Wie fühlt sich dieser Moment der Glückseligkeit an?** *Welche physischen und emotionalen Empfindungen sind mit diesem Moment verbunden? Versuche, diese Gefühle detailliert zu erfassen und sie mit der gewählten Berührung oder Geste zu verknüpfen. Dies wird dir helfen, die emotionale Verbindung zu deinem Anker zu stärken und ihn wirksam zu nutzen.*

Hast du Antworten auf die Fragen finden können?

Dann **herzlichen Glückwunsch**, du hast deinen mentalen Anker gefunden! Wenn du diesen Anker erfolgreich einsetzt, wirst du in der Lage sein, auch in herausfordernden und stressigen Situationen einen inneren Ruhepol zu finden und klarere, wohlüberlegte und rationale Entscheidungen zu treffen.

## Dein Mindset

Ich werde oft gefragt: *„Was ist eigentlich ein Mindset?"* Meine Antwort: Ein Mindset spiegelt deine tiefste innere Einstellung und die Identität deines Denkens wider. Es ist dein wahres Selbst, das innere Ich, das nur du wirklich kennst. Es bestimmt, wie du die Welt und dich selbst wahrnimmst.

In der Psychologie ist das Thema *„Mindset"* sehr umstritten, da es verschiedene Arten von Mindsets gibt, die tiefgreifende Auswirkungen auf das Leben einer Person haben können. Die Debatte dreht sich oft um die Frage, wie veränderbar unsere Denkweise ist und welchen Einfluss sie auf unser Verhalten haben kann.

Ein Mindset umfasst die Themen, die in diesem Buch behandelt wurden. Es bildet die übergeordnete Denkweise, die all diese Aspekte vereint und beeinflusst.

Vielleicht kennst du jemanden in deinem Umfeld, der fest davon überzeugt ist, dass seine Fähigkeiten, Intelligenz und Talente unveränderlich sind. Diese Person glaubt, dass ihre Eigenschaften von Natur aus angeboren und nur in begrenztem

Maße entwickelbar sind. Diese Überzeugung führt dazu, dass sie Herausforderungen aus dem Weg geht, weil sie befürchtet, dass ihre Fähigkeiten in Frage gestellt oder als unzureichend bewertet werden könnten. Statt sich komplexen oder anspruchsvollen Aufgaben zu stellen, wählt diese Person lieber einfache Tätigkeiten, bei denen sie sich sicher ist, dass sie Erfolg haben wird.

Wenn sie auf Schwierigkeiten oder Misserfolge stößt, wird sie schnell entmutigt oder frustriert. Fehler werden nicht als Chancen zur Weiterentwicklung gesehen, sondern als Zeichen persönlichen Versagens. Diese Fehler erwecken das Gefühl, nicht gut genug zu sein, und schüren Selbstzweifel. Kritik wird oft nicht als wertvolles Feedback betrachtet, sondern als persönlicher Angriff. Dieses Verhalten und diese Haltung spiegeln das wider, was in der Psychologie als *„Fixed Mindset"*, also *„statisches Denken"* bezeichnet wird. Menschen mit einem *„Fixed Mindset"* neigen dazu, eine feste Vorstellung von ihren Fähigkeiten zu haben und vermeiden daher Herausforderungen, um ihr Selbstbild nicht zu gefährden.

Im Gegensatz dazu gibt es Menschen, die fest daran glauben, dass ihre Fähigkeiten und Intelligenz durch Lernen und Erfahrung kontinuierlich verbessert werden können. Diese Personen sind überzeugt, dass harte Arbeit und Ausdauer sie voranbringen und sie auf ihrem Weg zum Erfolg unterstützen. Ihre Haltung ermutigt sie dazu, neue Herausforderungen anzunehmen und sich stetig weiterzuentwickeln.

Menschen mit einem *"Growth Mindset"* also einem *"wachstumsorientiertes Denken"*, sind offen für Risiken und sehen Fehler nicht als Misserfolge, sondern als wertvolle Lerngelegenheiten. Sie betrachten Herausforderungen als Chancen, sich weiterzuentwickeln und ihre Fähigkeiten auszubauen. Fehler werden als Schritte auf dem Weg zum Wachstum angesehen, und Kritik wird nicht als Angriff auf die eigene Person empfunden, sondern als konstruktives Feedback, das zur persönlichen und beruflichen Weiterentwicklung beiträgt.

Diese beiden Arten von Mindsets sind am häufigsten diskutiert. Die Theorie des Mindsets wurde besonders durch die Arbeiten der amerikanischen Psychologin Carol Dweck bekannt, die 2006 ihre bahnbrechenden Erkenntnisse veröffentlichte. Sie zeigte, dass das Mindset einer Person einen erheblichen Einfluss auf ihre Motivation, ihren Erfolg und ihr Wohlbefinden haben kann. Ein wachstumsorientiertes Mindset fördert oft eine positive Entwicklung, während ein festes Mindset das persönliche Wachstum behindern kann.

*Vertraue auf deine Fähigkeiten.*
*Sie sind es, die dich von anderen unterscheiden*

Zitat von William Ellery Channing

# Danke

, dass du dich bis hierher durch mein Buch gearbeitet hast. Das zeugt von deinem Engagement und deiner Entschlossenheit, eine bessere Version von dir selbst zu werden und zu lernen. Dafür gebührt dir mein größter Respekt.

Du hast dich mit einer Vielzahl von Techniken, Methoden und Strategien auseinandergesetzt, die ich sorgfältig ausgewählt habe, um dich auf deinem Weg zu unterstützen. Erfolg kommt nicht über Nacht.

Es erfordert Zeit, Ausdauer und konsequentes Handeln.

Es reicht nicht, die Theorie zu verstehen. Nur durch die gezielte Anwendung wirst du die gewünschten Ergebnisse erzielen und deine Fähigkeiten auf ein neues Level heben.

Lass dich von Rückschlägen nicht entmutigen. Hindernisse auf dem Weg zum Ziel sind völlig normal. Betrachte sie vielmehr als Chance, denn sie bieten dir neue Perspektiven und erweitern dein Denkmuster.

Jetzt ist es an der Zeit, ins Handeln zu kommen. Nimm die Themen, Herausforderungen und Aufgaben entschlossen in Angriff. Vermeide es, Aufgaben auf die lange Bank zu schieben, dies verursacht nur unnötigen Stress.

Du hast die Kontrolle über das Hier und Jetzt.

Die Zukunft ist ungewiss, und die Vergangenheit kannst du nicht mehr beeinflussen. Ärgere dich nicht über das, was bereits geschehen ist und außerhalb deiner Kontrolle liegt. Akzeptiere die Umstände, wie sie sind, und nutze deine Energie, um das Beste daraus zu machen.

**Denk an die Metapher** *aus dem Kapitel „Burnout vorbeugen und gesund bleiben:*
Es gibt zwei Arten von Führungskräften. Die einen treiben wie ein kleines Boot auf hoher See, das sich willenlos von den Wellen und dem Wind hin und her werfen lässt. Die, die kaum Energie investieren und sich von äußeren Umständen bestimmen lassen und hoffen, dass sie irgendwann zufällig an ihr Ziel kommen, wenn sie überhaupt eines haben. Diejenigen, deren Handeln von Passivität geprägt ist und von der Erwartung, dass sich die Dinge von selbst fügen.

Und dann gibt es die andere Art von Führungskraft. Diejenigen, die entschlossen die Kontrolle übernehmen. Diejenigen, die ihre Segel mit Bedacht setzen, gezielt durch die Stürme navigieren und immer wieder ihren Kurs anpassen, um sicher an ihr Ziel zu kommen. Sie scheuen sich nicht davor, alternative Routen zu erkunden, wenn der direkte Weg nicht passierbar ist. Diejenigen, die mit Klarheit, Entschlossenheit und einem unerschütterlichen Fokus ihr Ziel erreichen wollen, egal welches Hindernis sich ihnen in den Weg stellt.
Beantworte dir selbst:

**Welche Art von Kapitän bist du?**

# Schlusswort

Du hast nun das Ende meines Buches erreicht. Mein Wunsch ist erfüllt, wenn ich dich inspirieren und dir wertvolle Impulse geben konnte, um deine Denkmuster zu erweitern. Ich hoffe, dass du durch das hier vermittelte Wissen maximalen Erfolg in deinem Handeln erzielst und gerne auf die Zeit zurückblickst, die du in dieses Buch investiert hast.

Für alle, die den nachhaltigen Wert dieses Buches weiter nutzen möchten, biete ich eine einfache Möglichkeit, sich kontinuierlich inspirieren und motivieren zu lassen. Wenn du regelmäßig neue Einblicke und Tipps zum erfolgreichen Konfliktmanagement und zur persönlichen Entwicklung erhalten möchtest, scanne einfach den QR-Code unten. Er führt dich zu meinen Instagram- und Facebook-Accounts, wo du fortlaufend wertvolle Inhalte findest, die dir helfen, dein Wissen zu vertiefen und deinen inneren Kompass immer wieder neu auszurichten.

@REICH_SOLUTIONS

# Weiterführende Literatur und Inspirationsquellen

Während der Entstehung dieses Buches haben mich zahlreiche Werke begleitet und inspiriert. Auch wenn die Inhalte vorrangig aus eigenen Erfahrungen und Überlegungen stammen, möchte ich dennoch die folgenden Autoren, Studien und ihre Werke würdigen, die mich auf meiner Reise beeinflusst und mein Denken geschärft haben. Ich empfehle diese Bücher wärmstens allen Leserinnen und Lesern, die sich tiefer mit den Themen persönliche Entwicklung, Führungskompetenz, Kommunikation und Selbstreflexion auseinandersetzen möchten:

**Thorsten Reich (2024):** *Mitarbeiter erfolgreich führen – für mehr Arbeitsfreiheit und motivierte Mitarbeiter.* Dies ist mein erstes veröffentlichtes Buch, das sich intensiv mit der erfolgreichen Führung von Mitarbeitern beschäftigt. Es bietet praktische Tipps und tiefgehende Einsichten, wie man ein motivierendes Arbeitsumfeld schafft.

**König, E. (2020):** Denken wie ein Gewinner: Wie Sie Ihre mentale Stärke nutzen, um Ihre Ziele zu erreichen. Ein praxisorientierter Ansatz zur Entwicklung eines positiven Mindsets.

**Hübner, T. (2020):** *Führung und emotionale Intelligenz: Wie Führungskräfte ihre emotionale Kompetenz gezielt einsetzen können.* Ein praxisorientiertes Buch zur Verbesserung der emotionalen Intelligenz im Führungsalltag.

**König, A. (2019):** *Die Resilienz-Revolution: Wie Sie Ihre Widerstandskraft steigern und sich neuen Herausforderungen stellen.* Dieses Buch bietet praxisnahe Tipps zur Stärkung der eigenen Resilienz und zur erfolgreichen Bewältigung von Krisen.

**Schweitzer, M. (2017):** *Konflikte erfolgreich lösen: Ein praktischer Leitfaden für die Lösung und Vermeidung von Konflikten.* Dieses Buch bietet praxisnahe Strategien zur Lösung und Vermeidung von Konflikten im beruflichen und privaten Umfeld.

**Buchinger, J. (2016)**: *Die Kraft der Gedanken: Wie Sie Ihre mentale Stärke nutzen, um Erfolg zu haben.* Dieses Buch erklärt, wie die Gedankenwelt unser Handeln und unsere Lebensqualität beeinflusst.

**Köller, H. (2015)**: *Konfliktmanagement: Ein praktischer Leitfaden für Führungskräfte.* Hier werden verschiedene Methoden und Techniken vorgestellt, wie Konflikte effektiv gelöst und vermieden werden können.

**Schulz von Thun, F. (2014)**: *Miteinander Reden 4: Starke Menschen – Starke Beziehungen.* Dieses Buch bietet wertvolle Einblicke in die Themen Stressbewältigung und persönliche Stärke im Umgang mit schwierigen Situationen.

**Goleman, D. (2011)**: *Emotionale Intelligenz: Mit Gefühl zum Erfolg.* Obwohl ursprünglich in Englisch veröffentlicht, ist die deutsche Übersetzung weit verbreitet und bietet tiefgehende Einblicke in das Konzept der emotionalen Intelligenz.

# Zusätzliche Quellenangaben

### Bücher

Beck, A. T. (1976). *Kognitive Therapie der Depression.* Rowohlt Verlag.

Beck, A. T. (1976). *Cognitive Therapy and the Emotional Disorders.* New York: International Universities Press.

Beck, J. S. (2011). *Cognitive Behavior Therapy: Basics and Beyond.* New York: Guilford Press.

Baumeister, R. F. (2003). *Ego Depletion and Self-Control: The Short and Long of It.* In: Baumeister, R. F. (Ed.), *The Self in Social Psychology.* Philadelphia: Psychology Press.

Baumeister, R. F., & Leary, M. R. (1995). *The Need to Belong: Desire for Interpersonal Attachments as a Fundamental Human Motivation.* In: *Psychological Bulletin,* 117(3), 497-529.

Bode, A. (2016). *Resilienz: Wie Sie Ihre psychische Widerstandskraft stärken.* Freiburg: Haufe-Lexware.

Cannon, W. B. (1932). *The Wisdom of the Body.* New York: W. W. Norton & Company.

Cohen, S., Kamarck, T., & Mermelstein, R. (1983). *A Global Measure of Perceived Stress.* In: *Journal of Health and Social Behavior,* 24(4), 385-396.

Csikszentmihalyi, M. (1990). *Flow: Das Geheimnis des Glücks.* Klett-Cotta Verlag.

David, D., Szentagotai, A., Lupu, V., & Dobrean, A. (2008). *Cognitive-Behavioral Therapy for Depression: A Review of Meta-analyses.* In: *Journal of Clinical Psychology,* 64(8), 825-842.

Dehler, K. (2017). *Mit Resilienz erfolgreich im Berufsleben: Strategien für Manager und Führungskräfte.* Stuttgart: Schäffer-Poeschel Verlag.

Dobson, K. S. (Ed.). (2010). *Handbook of Cognitive-Behavioral Therapies.* New York: Guilford Press.

Dweck, C. S. (2006). *Mindset: Die neue Psychologie des Erfolgs.* Goldmann Verlag.

Eisenstadt, S. N. (2014). *Optimismus und Lebensqualität: Psychologische und soziale Perspektiven.* Springer-Verlag.

Fredrickson, B. L. (2009). *Positivity: Der Schlüssel zu mehr Lebensfreude und Erfolg.* C.H. Beck Verlag.

Goleman, D. (1995). *Emotionale Intelligenz: Warum sie wichtiger ist als IQ.* New York: Bantam Books.

Goleman, D. (1998). *Der EQ-Faktor: Die Kunst der emotionalen Intelligenz.* München: Droemer Knaur.

Higgins, E. T. (1987). *Self-Discrepancy: A Theory Relating Self and Affect.* New York: Psychological Review.

Kabat-Zinn, J. (1990). *Gesund durch Achtsamkeit: Die Praxis der Achtsamkeitsbasierten Stressreduktion.* DTV Verlag.

Kabat-Zinn, J. (1994). *Wo immer du hingehst, da bist du: Achtsamkeit und die Kunst des Lebens.* Heyne Verlag.

Lazarus, R. S. (1991). *Emotion and Adaptation.* In: Pervin, L. A. (Ed.), *Handbook of Personality: Theory and Research.* New York: Guilford Press, 609-637.

Lazarus, R. S., & Folkman, S. (1984). *Stress, Appraisal, and Coping.* New York: Springer Publishing Company.

Mager, M. R. (2021). *Kommunikationstraining für Führungskräfte: Die besten Techniken für ein erfolgreiches Team.* München: Campus Verlag.

Marston, W. M. (1928). *Emotions of Normal People.* London: Kegan Paul, Trench, Trubner & Co., Ltd.

Miller, W. R., & Moyers, T. B. (2009). *Motivational Interviewing: Ein integrativer Ansatz.* Schattauer Verlag.

Moser, K. (2009). *Resilienz: Ein Wegweiser zu mehr Widerstandskraft.* Berlin: Springer-Verlag.

Nowitzki, D. (2018). *Der Weg zum Erfolg: Mentale Techniken für Leistungssportler.* Fischer Verlag.

Ralston, A. (2004). *Zwischen Fels und harter Stelle: Die unglaubliche Geschichte des Aron Ralston.* DVA Verlag.

Rosenberg, M. B. (2015). *Gewaltfreie Kommunikation: Eine Sprache des Lebens.* München: Junfermann Verlag.

Schmitt, M. J. (2015). *Kommunikation und Gesprächsführung: Grundlagen, Techniken und Methoden*. Berlin: Springer-Verlag.

Schubiger, E. (2014). *Resilienz im Unternehmen: So stärken Sie Ihre Mitarbeiter*. Wiesbaden: Gabler Verlag.

Schweitzer, J., & Lang, U. (2013). *Mentale Stärke: Die Kraft des inneren Ankers in Stresssituationen*. Piper Verlag.

Seligman, M. E. P. (2006). *Das erlernte Optimismus: Wie Sie Ihre Lebensfreude steigern und Ihre Erfolgschancen verbessern*. Carl Hanser Verlag.

Seligman, M. E. P. (2011). *Das Glücksprojekt: Wie Sie Ihr Leben in den Griff bekommen und die wahre Zufriedenheit finden*. Carl Hanser Verlag.

Stangl, W. (2018). Resilienz: Psychische Widerstandskraft stärken. München: Redline Verlag.

## Artikel

Borkenau, P., & Liebler, A. (1992). The Effect of Self-Esteem on the Perception of Social Interactions. In: *European Journal of Personality*, 6(1), 41-56.

Cramer, D. (2021). *Resilienz: Warum sie für Führungskräfte so wichtig ist*. In: *Wirtschaftspsychologie aktuell*. Abgerufen von https://www.wirtschaftspsychologie-aktuell.de

Cuijpers, P., Karyotaki, E., Weitz, E., Andersson, G., & Hollon, S. D. (2016). *The Efficacy of Psychotherapy and Pharmacotherapy in Depressive Disorders: A Meta-analysis of Direct Comparisons*. In: *World Psychiatry*, 15(3), 229-239.

Eisenberger, N. I. (2004). *Social Exclusion and the Pain of Exclusion*. In: *Psychological Science*, 15(5), 332-338.

Hofmann, S. G., Asnaani, A., Vonk, I. J., Sawyer, A. T., & Fang, A. (2012). *The Efficacy of Cognitive Behavioral Therapy: A Review of Meta-analyses*. In: *Cognitive Therapy and Research*, 36(5), 427-440.

Kendall, P. C. (1993). *Cognitive-Behavioral Therapy for Anxious Children: Therapist Manual*. In: *Journal of the American Academy of Child and Adolescent Psychiatry*, 32(4), 750-758.

Lütz, J.-M. (2018). *Resilienz als Führungskompetenz*. In: *Führung & Organisation*. Abgerufen von https://www.fuehrung-und-organisation.de

Reinecke, G. (2019). *Resilienz als Schlüsselkompetenz für Führungskräfte*. In: *Harvard Business Manager*. Abgerufen von https://www.harvardbusinessmanager.de

Schulz, P. (2004). *Stressbewältigung durch soziale Unterstützung: Die Rolle von Beziehungen und sozialen Netzwerken*. In: *Journal of Behavioral Medicine*, 27(2), 123-140.

Schulze, T. (2019). *Effektive „Ich-Botschaften" zur Konfliktlösung*. In: *Management und Kommunikation*. Abgerufen von https://www.management-und-kommunikation.de

Harris, L. (2020). "Delta CEO Ed Bastian: Leading Through Crisis." Forbes. Abgerufen von https://www.forbes.com

Zengler, T. (2020). "How Delta's Ed Bastian Steered the Airline Through the COVID-19 Crisis." Harvard Business Review. Abgerufen von https://hbr.org

Press, E. (2020). "How Walmart Became a Model for COVID-19 Crisis Management." Business Insider. Abgerufen von https://www.businessinsider.com

Flanigan, J. (2020). "Walmart's Response to the Pandemic: Leadership Lessons from Doug McMillon." Retail Dive. Abgerufen von https://www.retaildive.com

Smith, T. (2021). "How Microsoft Teams Became the Backbone of Remote Work During the Pandemic." TechCrunch. Abgerufen von https://techcrunch.com

Murphy, A. (2021). "The Impact of Microsoft Teams on Modern Workplaces." Forbes Technology Council. Abgerufen von https://www.forbes.com/technology-council

Peters, G. (2014). "Joachim Löw und die Resilienz des deutschen Fußballs." Der Spiegel. Abgerufen von https://wwww.spiegel.de

Wilke, S. (2014). "Die Resilienz von Joachim Löw und der deutschen Nationalmannschaft bei der WM 2014." Sport und Management. Abgerufen von https://www.sport-und-management.de

Volkswagen AG. (2023). *Volkswagen Sustainability Report 2023*. Abgerufen von Volkswagen Group

Fraunhofer-Institut für Produktionstechnik und Automatisierung IPA. (2019). *Optimierung der Produktionsprozesse durch Standards*. Abgerufen von Fraunhofer IPA

Bilstein, M. (2021). "Volkswagen's Modular Platform Strategy: The MQB Approach." *Automotive News*. Abgerufen von Automotive News

IKEA Group. (2022). *IKEA Annual Report 2022*. Abgerufen von IKEA Group

Reiner, R. (2020). "IKEA's Modular Approach: A Case Study." *Harvard Business Review*. Abgerufen von Harvard Business Review

Ryanair Holdings plc. (2023). *Annual Report 2023*. Abgerufen von Ryanair Investor Relations

Smith, A. (2021). "Ryanair's Fleet Standardization: Efficiency and Cost Benefits." *FlightGlobal*. Abgerufen von FlightGlobal

Walsh, T. (2020). "The Impact of Fleet Standardization on Ryanair's Operational Efficiency." *Airline Business*. Abgerufen von Airline Business

## Webseiten

American Psychological Association (APA). (2024). *Stress: Understanding the Basics*. Abgerufen von https://www.apa.org/topics/stress

Association for Behavioral and Cognitive Therapies (ABCT). (2024). *What is CBT?*. Abgerufen von https://www.abct.org/Information/?m=mInformation&fa=what_is_cbt

Deutsche Angestellten-Krankenkasse. (2022). *Gesundheitsreport 2022*. Abgerufen von https://www.d-ak.de

Deutsche Gesellschaft für Psychologie (DGPs). (2023). *Resilienz – Psychische Widerstandskraft entwickeln*. Abgerufen von https://www.dgps.de

Deutsche Gesellschaft für Psychologie (DGPs). (2024). *Psychologische Grundlagen von Konflikten*. Abgerufen von https://www.dgps.de

Deutsches Institut für Normung e.V. (DIN). (2024). *Konfliktmanagement im Unternehmen*. Abgerufen von https://www.din.de

Fachhochschule Dortmund - Institut für Konfliktforschung. (2024). *Die Psychologie des Konflikts: Theorien und Studien*. Abgerufen von https://www.conflict-research.de

National Institute for Health and Care Excellence (NICE). (2022). *Depression in Adults: Treatment and Management*. Abgerufen von https://www.nice.org.uk/guidance/cg90

National Institute of Mental Health (NIMH). (2024). *What Is Stress?*. Abgerufen von https://www.nimh.nih.gov/health/topics/stress

Psychologische Hochschule Berlin (PHB). (2024). *Empathie und aktives Zuhören in der Kommunikation*. Abgerufen von https://www.psychologische-hochschule-berlin.de

Robert Koch-Institut (RKI). (2022). *Bericht zur psychischen Gesundheit in Deutschland*. Abgerufen von http://www.rki.de/psychische-gesundheit

Stiftung Deutsche Depressionshilfe. (2021). *Forschungsbericht zur Depression*. Abgerufen von https://www.deutsche-depressionshilfe.de

Techniker Krankenkasse. (2022). *Gesundheitsreport 2022*. Abgerufen von https://www.tk.de/gesundheitsreport

## Danksagung

Diese Werke und Quellen haben in verschiedener Weise zu dem vorliegenden Buch beigetragen und ich bin dankbar für die Weisheit und die Einsichten, die ich aus ihnen gewinnen konnte.

## Haftungsausschluss

Die in diesem Buch enthaltenen Informationen dienen allgemeinen Informationszwecken und stellen keine professionelle Beratung dar. Der Autor und der Verlag übernehmen keine Verantwortung für eventuelle Folgen, die direkt oder indirekt aus der Anwendung der hier präsentierten Informationen entstehen. Leser, die spezifische Beratung benötigen, sollten die Dienste eines qualifizierten Fachmanns in Anspruch nehmen.

www.ingramcontent.com/pod-product-compliance
Lightning Source LLC
Chambersburg PA
CBHW071042240526
45471CB00014B/269